2017

中国农药发展报告

ZHONGGUO NONGYAO FAZHAN BAOGAO

农业农村部农药管理司
农业农村部农药检定所 编

中国农业出版社
北京

2017 中国农药发展报告 编委会

2017年是农药管理和行业发展历程中具有里程碑意义的一年。新修订的《农药管理条例》正式颁布实施，配套规章、规范性文件相继出台，新农药管理体制和制度体系基本搭建成型。在各级农业农村部门和全行业的共同努力下，农药行业深入推进供给侧结构性改革，积极应对环保压力和市场波动，技术、模式、服务加快创新，发展质量不断提升；农药使用量继续保持负增长，高毒农药淘汰时间表、路线图初步明晰，绿色发展理念加快落实，在保障农业生产、农产品质量安全和生态环境安全方面发挥了积极作用。

为了全面系统地梳理2017年农药行业发展有关情况，准确把握现状和发展趋势，为农药管理和行业发展提供参考，农业农村部农药管理司、农业农村部农药检定所联合组织有关单位编写了《中国农药发展报告2017》（以下简称《报告》）。本《报告》在编写过程中，得到了农业农村部有关领导的亲切关怀和悉心指导，并得到全国农业技术推广服务中心、中国农药工业协会等单位的大力支持和帮助。在此，对关心、支持、参与本《报告》编写的所有单位、领导、专家和工作人员一并表示衷心的感谢！

由于编者水平及其他条件的限制，《报告》中
可能存在不当之处，恳请各位读者批评指正。

编　者

2018年10月

目 录

1

第一章

概　　况

　　2017年，新修订的《农药管理条例》颁布实施，为农药行业带来了巨大变革，农药管理、生产、使用、国际贸易都进入了政策调整期，全行业稳中有变、变中有进。随着《农药管理条例》实施以及内外部环境的深刻变化，农药行业将以更加安全、更加高效、更加绿色为基本要求，推动农药管理、生产、经营、使用、国际贸易等协同发展，共同向更高质量、更高水平迈进。

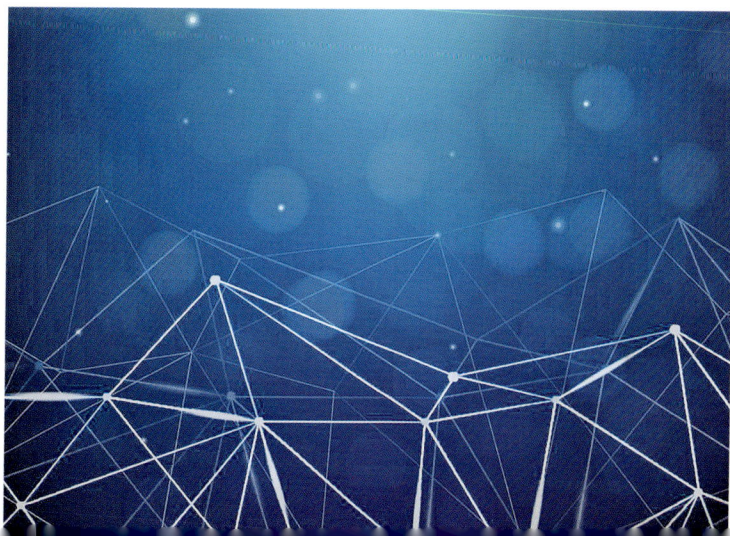

中国农药发展报告 2017 · 第一章 概　况

一、行业发展回顾

（一）管理体制发生重大调整

新修订的《农药管理条例》对农药管理体制进行了重要调整，将工业和信息化部、原国家质量监督检验检疫总局承担的农药生产企业定点核准、生产批准证书、生产许可的职能划归农业农村部门，明确农药登记、生产许可、经营许可及市场监管统一由农业农村部门负责，破解了"多龙治水"的体制困局，解决了重复监管、监管盲区并存的问题。按照《农药管理条例》的精神，农业农村部及地方农业农村部门积极推进农药管理职能划转、农药管理机构和编制调整。2017年10月，经中央机构编制委员会办公室（简称"中编办"）批准，农业部决定在种植业管理司加挂"农药管理局"牌子，承担农药产业规划、行业指导、行政许可、监督管理、行政处罚等工作。山东、浙江、江苏、广东等省份也已申请成立农药管理机构，并划转行业管理及农药生产职能。

（二）新修订的《农药管理条例》贯彻落实全面推进

2017年，各级农业农村部门以贯彻落实《农药管理条例》为主线，全面推进农药管理各项工作。《农药登记管理办法》等5个配套规章和《农药登记资料要求》等6个规范性文件相继发布实施，为许可审批、监督管理等工作提供了基本依据。全国农药管理工作视频会议对全面贯彻落实《农药管理条例》做出全面部署，《农药管理条例》贯彻落实工作对接会、全国农药管理座谈会等进一步推动落实农药登记、生产许可、经营许可等各项重点紧要工作。同时，以《农药管理条例》宣传月为主线，全国范围内积极开展宣传贯彻培训，全国各级农业农村部门利用多种方式加强政策解读宣传，分地区、分层次、多种方式开展培训，为《农药管理条例》贯彻落实营造了良好的舆论环境。

（三）农药管理工作稳步开展

登记管理方面，继续以落实"放管服"、深化农药登记审批改革为主线，以管理创新与技术创新为抓手，扎实推进农药登记审批，全年完成行政审批事项10 000余项。按照新修订的《农药管理条例》要求，及时暂停临时登记、分装登记以及田间试验许可申请，组建第九届农药登记评审委员会；继续加快特色小宗作物用药登记，稳步推进登记后再评价工作，再对溴甲烷等5个品种采取管理措施。市场监管方面，进一步完善监管工作方案、机制，推行分类重点监管。2017年共抽检农药样品5 029个，合格样品4 472个，合格率为88.9%。技术支撑方面，农药技术标准体系建设加快，各专业领域标准有序推进，新制定残留限量标准677项；中国农药数字监督管理平台启动建设，以"2+N"为总体框架，全面支撑农药管理工作，2017年10月初步上线运行。国际履职方面，成功举办国际食品法典农药残留委员会（CCPR）第49届年会，公约履行、技术性贸易措施官方评议工作顺利开展。

（四）农药产业加快转型升级

2017年农药工业面临更加严峻的外部环境，环保压力持续走高、国际贸易形势严峻、农药管理新政实施，农药产业在艰难中加快探索转型升级之路。生产方面，2017年全国累计生产农药294.1万吨，同比下降8.7%，为21世纪以来产量同比首次下降。下游市场需求以及环保核查和冬季停、限产导致产业链供应紧张，各大农药品种产量升降差异很大。行业效益方面，规模继续扩大，效益大幅提升。2017年全行业主营业务收入达到3 080.1亿元，同比增长11.8%；利润总额达到259.6亿元，同比增长25.0%，部分上市公司利润成倍增加。市场价格方面，在环保和限产等多重压力下，2017年下半年原材料和中间体市场供应紧张，导致大部分产品供不应求，价格持续上涨。兼并重组方面，中国化工集团收购先正达公司、陶氏化学公司和杜邦公司合并、拜耳公司收购孟山都公司这三大事件引发国际农药市场格局动荡，国内行业重组步伐随之加快。

（五）使用技术水平不断提升

2017年，全国主要农作物病、虫、草、鼠害总发生面积65亿亩*次，防治面积81亿亩次，全年发生情况总体处于中等偏重。但农药使用量继续下降，农作物农药使用总量（按折百计）约28.13万吨，农药利用率进一步提高。农药减施

---

*亩为非法定计量单位，1亩=1/15公顷。——编者注

增效技术得到大力推广，示范和推广一批农药新品种、新剂型、施药新技术和农药助剂。统防统治组织进一步发展，全国专业化统防统治组织的数量达到8.74万个，小麦、水稻、玉米三大粮食作物统防统治面积为12.7亿亩次。航空植保等新型植保器械快速发展，积极开展植保器械使用示范和技术培训，以航空喷雾、地面自走式喷雾机械为主的机械使用量有了较大增长；全国植保无人机保有量达到14 000多架，统防统治面积超过1亿亩次。

（六）农药国际贸易转跌为升

2017年，农药进出口结束持续两年的下降态势，不但实现进出口数量和金额的双增长，而且呈现了进出口额增长速度明显高于进出口数量增长速度的良好态势。农药进出口金额达到71.71亿美元，同比增长18.6%；进出口量为150.83万吨，同比增长6.9%；贸易顺差63.5亿美元，同比增长22.4%。出口金额达到67.60亿美元，同比增长20.4%；出口量为146.76万吨，同比增长6.9%。出口金额增长速度比出口数量增长速度高出近3倍，我国农药出口贸易正从传统的数量驱动的增长模式向质量效益驱动的增长模式转变。进口金额4.11亿美元，同比下降4.1%；进口量为4.07万吨，同比增长4.1%，进口农药相对国产农药仍然具有较强的竞争力，进口农药占我国农药市场份额有快速增长的趋势。

二、发展形势分析

（一）宏观经济形势日新月异

近几年，面临错综复杂的国内外经济环境，我国国民经济运行保持缓中趋稳、稳中向好，保持在合理区间，质量和效益不断提高。特别是在新发展理念的引领下，我国坚决推进转变发展方式，深入推进供给侧结构性改革，大力实行"三去一降一补"，产业结构优化转型，需求结构继续改善。同时，创新驱动发展战略深入实施，大众创业万众创新、新动能快速增长。宏观经济是农药产业发展脱离不开的背景环境，经济形势的变化将继续对农药行业转型升级和创新发展产生重大而深远的影响。

（二）环保安全要求日趋严厉

党的十八大以来，党中央将生态文明建设摆在更加重要的位置。从不断完善相关法规，到连续开展中央环境保护督察，有效推动了环保工作深入开展。在这场"环保风暴中"，农药企业遭受了巨大冲击，因环保问题导致停产整顿的企业不在少数。与环保问题类似，天津港"8·12"特大火灾爆炸事故等一系列安全事故引起国家对安全问题的高度重视，国务院安全生产委员会建立并实施了安全生产巡查制度，多次开展全国性安全生产大检查和危险化学品专项整治。环保和安全问题事关长远稳定发展，事关人民群众人身健康和安全。农药工业作为环保、安全"双敏感"的行业，如何积极主动应对愈来愈严的环保、安全态势，将成为摆在农药产业发展面前的重要、长期课题。

（三）终端需求影响潜移默化

2015年农业部发布的《关于进一步调整优化农业结构的指导意见》，提出以"保、调、稳、扩"为重点，调整优化粮经作物生产结构。《全国种植业结构调整规划（2016—2020年）》又明确了"两保、三稳、两协调"的发展目标。党的十九大提出乡村振兴战略后，农业农村部门坚持质量兴农、绿色兴农、品牌强农，大力推动农业向高质量、高水平发展。农药产业的终端需求主要在农业种植业，以需求为导向，当前种植业结构变化和质量提升，必将对国内农药市场和农药产业发展产生深远影响。

（四）国际贸易形势日趋严峻

多年来，我国农药出口逐年递增，到2014年达到一个高点，出口目标市场达182个国家和地区。2015年，全球农药市场一度陷入"寒冬"，全球农药市场销售额为518亿美元，创下近10年的历史最低。经过两年连续下滑，直到2017年形势才逐渐好转。但是进入2018年后，单边主义、逆全球化和贸易保护主义势力抬头，给全球国际贸易蒙上阴影，对本就疲软的全球经济复苏带来了巨大压力。特别是2018年4月，中美发生贸易摩擦，给各行业进出口贸易带来了极大的不确定性因素，也给农药进出口形势带来了巨大影响。

三、行业发展展望

（一）《农药管理条例》贯彻落实为主线，农药监管全面加强

《农药管理条例》是农药行业管理的重要法规和基本依据。新修订的《农药管理条例》对农药管理体制、制度、措施、方式等做出重要调整，为新形势下农药管理指明了方向。今后一段时期，农药管理工作将以新修订的《农药管理条例》贯彻落实为主线，推动各项新制度、新措施、新要求落实落地，以规范行政审批、强化市场监管、加强风险监测、促进产业发展为重点，进一步加强农药登记、生产、经营、使用全程管理，全力推进农药产业转型升级，保障农业生产安全、农产品质量安全、生态环境安全。近期来看，各级农业农村部门将在积极推动农药管理职能划转、机构队伍建设的基础上，尽快启动新修订的《农药管理条例》要求下的登记、新农药登记试验、试验单位认定、生产许可、经营许可的受理审批等工作，确保新旧政策平稳过渡。长期来看，农业农村部门将逐渐由环节管理转向行业管理，更加注重发挥许可、监管、处罚、政策引导等组合作用，规范行业竞争，推动转型升级，不断提升行业发展质量与水平。

（二）内外形势日趋严峻，产业将继续加快转型升级

农药工业是农药全行业的基础，决定着整个行业的发展水平。当前，农药工业面临着空前严峻的内外部环境。内部形势方面，制约行业发展的问题仍然突出，如产能过剩、生产方式落后、集约程度不高等；外部形势方面，供给侧结构性改革深入推进，农业需求不断升级，国内环保、安全保持高压态势等。发展要求的提升，将加快行业兼并重组的步伐，进一步优化行业资源配置，以核心产品、核心市场为支撑，通过资源整合与优化，将逐渐形成更强的发展竞争力，行业效益有望进一步提升。总之，在内外双重压力的作用下，农药产业将以供给侧结构性改革为主线，加快转型升级，加速优胜劣汰，继续向更高质量发展迈进。

（三）农业生产方式转变，终端使用需求继续升级

近年来，农业农村部门持续推进农药减量增效，深入开展农药使用量零增长行动，推进绿色防控减量、统防统治减量、高效药械减量，将对农药终端使用产生深远影响。一是对农药产品的需求上。一方面，随着食品安全、生态环境保护意识的增强，社会对农药的安全性提出了更高要求，对高效、低毒、低残留、环境友好的农药需求将进一步增加；另一方面，农业结构的调整和现代农业的升级，将提升针对特定作物、特定防治对象的高效安全产品需求。二是对农药使用的服务上。随着农业经营方式的转变，小农户逐步向种植大户、专业合作社、家庭农场等发展，不仅改变了原有依靠农药经营者提供用药指导的传统模式，而且对专业化防治、植保服务和农业生产性服务业的需求越来越大。三是对农药使用的模式方式上。统防统治、专业化防治组织发展将进一步加快，植保无人机、大型施药器械等也将在农药使用中发挥更大作用。

（四）不确定性因素增加，农药进出口贸易有望继续回升

随着贸易保护主义的发展，特别是中美贸易摩擦，全球国际贸易将大概率遭受冲击。国际贸易形势将直接影响我国农药进出口贸易，给农药行业带来了更多的不确定性因素。但是，综合考虑当前全球农药市场形势及各方面影响因素，预计我国农药进出口贸易将继续保持回暖趋势，有望实现持续较快增长。首先，全球人口持续增长、食物结构变化、生物能源需求将进一步推动粮食需求、农业发展，进而促进我国农药进出口贸易。其次，我国作为全球最大的农药生产国，在保障全球农药供给方面发挥着重要作用，而且经过近年来的农药市场消化，全球农药市场库存处于较低水平，补库存、保供给的需求也将推动农药进出口贸易增长。此外，"一带一路"倡议得到沿线各国的积极响应和参与，为我国农药国际贸易开辟了新领域。与此同时，近年来，我国农药管理国际交流日趋紧密，农药进出口服务水平不断提升，为我国农药"走出去"营造了更加优良的发展环境。

2

第二章

农药管理法规

2017年是农药管理法规发展变革的关键之年。作为农药管理的基本法规——《农药管理条例》完成修订并正式颁布实施，对农药管理法规政策框架做出重大调整；《农药登记管理办法》等5个配套规章和《农药登记资料要求》等6个规范性文件相继发布实施，农药管理规章制度体系基本建立健全，为农药管理工作奠定了坚实的法制基础。

一、《农药管理条例》

《农药管理条例》经2017年2月8日国务院第164次常务会议修订通过,以中华人民共和国国务院令第677号发布,自2017年6月1日起施行(图2-1)。新修订的《农药管理条例》共8章66条,包括总则、农药登记、农药生产、农药经营、农药使用、监督管理、法律责任、附则等。新修订的《农药管理条例》顺应发展大势,立足行业实际,积极推进体制机制、思路和方式的转变,全面落实"放管服"的精神和要求,重点体现在以下几个方面。

图2-1 《农药管理条例》

(一)理顺农药管理体制框架

新修订的《农药管理条例》在农药管理体制上实现了重大突破。一是理顺了农药生产管理体制。将工业和信息化部、原国家质量监督检验检疫总局实施的农药生产企业设立审批和按产品核发生产许可批件,统一为实行农药生产许可制度,并将农药登记、生产许可、经营许可及市场监管统一归为农业农村部门负责,实施全程监管。二是界定了各级农业农村部门的职责。新农药登记试验审批、登记试验单位认定、登记许可由农业农村部负责,省级农业农村主管部门负责生产许可,县级以上地方农业农村主管部门负责经营许可,但是限制使用农药经营许可由省级农业农村主管部门负责,县级以上农业农村主管部门还要定期调查统计农药生产、销售、使用情况。三是明确了农药检定机构的定位。除明确农业农村部所属农药检定机构的职能外,还特别明确了省级农药检定机构协助省级农业农村主管部门做好登记具体工作,并承担已登记农药的安全性和有效性监测等工作。

(二)转变农药管理理念

《农药管理条例》及配套规章实现了农药管理理念的重大转变,更加注重创新、绿色和安全。一是在创新方面。《农药管理条例》明确鼓励和支持农药研制,允许新农药研制者申请登记，设立了表彰奖励制度，允许企业与科研单位联合攻关，研发新农药、开发新工艺。二是在绿色方面。重点是支持研发高效、低风险、低残留农药，加快生物农药、植物源农药等农药的登记。推行绿色清洁生产，降低环境风险。推广应用生物防治、物理防治等绿色防控技术和先进的施药器械，落实农药使用量"零增长"目标。建立农药包装等废弃物回收处置制度，明确由生产企业、经营者负责回收并承担处置费用。三是在安全方面。新修订的《农药管理条例》及配套规章积极对接《中华人民共和国食品安全法》和《中华人民共和国农产品质量安全法》，引入风险评估机制，加强经营环节的技术力量配备，并明确使用者的义务和责任，推进科学施药，为保障农产品安全夯实了基础。

（三）创设一批农药管理政策

适应发展形势和产业需要，新修订的《农药管理条例》及配套规章创设了一系列农药管理政策，为农药行业发展建立了新秩序。一是设立登记试验单位认定及新农药登记试验许可制度。提高登记试验单位要求，严格登记试验过程管理，旨在提高登记试验质量，从根源上把好入口关。二是建立退出机制。对已登记15年以上的农药品种开展周期性评价，加快淘汰高风险的农药；发现有严重危害或较大风险的，不予延续登记，或采取撤销登记、禁限用等措施；鼓励企业兼并重组，淘汰高污染、高风险的落后产能；农药生产企业发现生产的农药有严重危害或较大风险的，应当立即停止生产并主动召回。三是明确了仅供境外使用农药的登记。规定了仅供境外使用农药的登记资料要求，回应了国内企业"走出去"的强烈期盼。四是设立经营许可。取消7类主体的农药专营，实施经营许可制度，更加符合市场经济和行业实际。五是建立农药可追溯体系。从生产、经营到使用，建立全程记录档案，确保追溯可查，并明确了农药产品标签上应当标注可追溯电子信息码。

（四）注重激发农药行业市场活力

新修订的《农药管理条例》及配套规章以落实"放管服"要求为指引，引导企业开展技术创新和市场拓展，激发创新活力和内生动力；同时，又要更好地发挥政府的作用，放管结合，优化服务。一是登记试验方面。取消了非新农药登记试验审批，仅需在试验所在省份备案，免去了烦琐的审批程序。二是登记方面。

取消了临时登记、分装登记，允许新农药研制者和生产企业转让登记资料，促进闲置资源的流动，减少了重复试验，更为企业节约了成本。三是生产方面。放开了委托加工、分装，避免了重复投资，减少了运营成本，给企业充分的发展空间。四是经营方面。为符合条件的单位和个体经营农药开放了市场，并对经营者设立分支机构（如连锁经营企业）制定了优惠政策。五是使用环节。鼓励农业社会化服务组织、专业人员为农药使用者提供技术服务，扶持设立专业化病虫害防治服务组织，促进新型业态发展。

（五）提高农药行业准入门槛

我国农药产业集中度低、产品同质化严重、经营秩序乱，到了必须"出重典、下猛药"解决行业沉疴旧疾的关键时期。为此，《农药管理条例》及配套规章提高了准入门槛。一是在农药登记方面。强化风险评估和经济性评价的要求，及时淘汰落后的配方和剂型。将原来单制剂5个含量梯度减少为3个，同时增加了对混配制剂配比和含量梯度的限制。二是在生产许可方面。农药生产企业要符合产业政策，实现自动化生产，管理制度要完备；新设化学农药企业必须进入省级以上化工园区，农药企业迁址和新增原药生产范围的，必须进入地（市）级以上的化工园区或工业园区。三是在经营许可方面。经营者必须经过专业学习或培训，要配备可追溯电子信息码扫描识别设备和用于记载农药购销电子台账的计算机管理系统，限制使用类农药经营条件更高，互联网经营农药应有实体店。

（六）加大违法违规行为惩戒力度

新修订的《农药管理条例》及配套规章坚持从严管理，突出农药生产、经营者的主体责任（条例第五条），明确并进一步完善了假劣农药的界定。首次规定了登记评审委员会组成人员的法律责任（条例第五十条），确保评审的公平公正。加强对农业主管部门及其工作人员的管理，规范权力行使（条例第四十九条）。加大违法处罚力度，生产企业、经营者的罚款金额从按违法所得计改为按货值计，没收违法所得、吊销相关许可证，并增设列入"黑名单"等信用惩罚措施，对违法企业暂停受理、违法人员禁止从业等。条例第五十二条规定："未取得农药生产许可证生产农药或者生产假农药的，由县级以上地方人民政府农业主管部门责令停止生产，没收违法所得、违法生产的产品和用于违法生产的工具、设备、原材料等，违法生产的产品货值金额不足1万元的，并处5万元以上10万元以下罚款，货值金额1万元以上的，并处货值金额10倍以上20倍以下罚款，由发证机关吊销农药生产许可证和相应的农药登记证；构成犯罪的，依法追究刑事责任。"条例第六十三条规定："未取得农药生产许可证生产农药，未取得农药经营许可证经营农药，或者被吊销农药登记证、农药生产许可证、农药经营许可证的，其直接负责的主管人员10年内不得从事农药生产、经营活动。农药生产企业、农药经营者招用前款规定的人员从事农药生产、经营活动的，由发证机关吊销农药生产许可证、农药经营许可证。被吊销农药登记证的，国务院农业主管部门5年内不再受理其农药登记申请。"首次对农药使用者设立了罚则（条例第六十条，农药使用者为单位的，处5万元以上10万元以下罚款，农药使用者为个人的，处1万元以下罚款；构成犯罪的，依法追究刑事责任），禁限用措施落地更有依据。此外，《农药管理条例》第六十四条还对赔偿行为做出了规定，明确了赔偿主体和追偿权利。

二、配套规章

《农药登记管理办法》经农业部2017年第6次常务会议审议通过，以农业部令2017年第3号公布，自2017年8月1日起施行。共8章49条，包括总则、基本要求、申请与受理、审查与决定、变更与延续、风险监测与评价、监督管理、附则。

《农药生产许可管理办法》经农业部2017年第6次常务会议审议通过，以农业部令2017年第4号公布，自2017年8月1日起施行。共5章30条，包括总则、申请与审查、变更与延续、监督检查、附则。

《农药经营许可管理办法》经农业部2017年第6次常务会议审议通过，以农业部令2017年第5号公布，自2017年8月1日起施行。共6章31条，包括总则、申请与受理、审查与决定、变更与延续、监督检查、附则。

《农药登记试验管理办法》经农业部2017年第6次常务会议审议通过，以农业部令2017年第6号公布，自2017年8月1日起施行。共6章35条，包括总则、试验单位认定、试验备案与审批、登记试验基本要求、监督检查、附则。

《农药标签和说明书管理办法》经农业部2017年第6次常务会议审议通过，农业部令2017年第7号公布，自2017年8月1日起施行。共4章42条，包括总则、标注内容、制作使用和管理、附则。

三、规范性文件

《限制使用农药名录(2017版)》以农业部公告第2567号公布。一、列入本名录的农药，标签应当标注"限制使用"字样，并注明使用的特别限制和特殊要求；用于食用农产品的，还应当标注安全间隔期。二、本名录中前22种农药实行定点经营，其他农药实行定点经营的时间由农业部另行规定。三、农业部已经发布的限制使用农药公告，继续执行。四、本公告自2017年10月1日起施行。

《农药生产许可审查细则》，以农业部公告第2568号公布，自2017年10月10日起施行。

《农药登记资料要求》以农业部公告第2569号公布，自2017年11月1日起施行。

《农药登记试验单位评审规则》《农药登记试验质量管理规范》以农业部公告第2570号公布，自2017年10月10日起施行。

《农药标签二维码格式及生成要求》以农业部公告第2579号公布，对农药标签二维码码制、内容、单元识别代码、追溯查询要求等做出明确规定，要求2018年1月1日起，农药生产企业、向中国出口农药的企业生产的农药产品，其标签上应当标注符合本公告规定的二维码。

3

第三章

农药管理工作

2017年，农业农村部门以贯彻落实新修订的《农药管理条例》为重点，统筹推进配套规章制（修）订、职能划转、宣传培训、安全督导等工作；继续扎实做好登记管理，创新登记评审及登记后评价制度建设，加快解决特色小宗作物用药问题；加强市场监管，加强农药管理技术支撑，切实履行国际农药管理职责与义务，实现新体制下农药管理工作的良好开局。

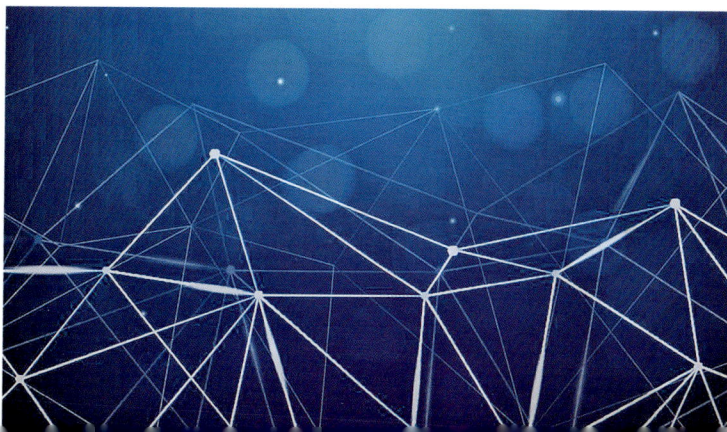

中国农药发展报告 2017·第三章　农药管理工作

一、《农药管理条例》贯彻落实

（一）完善配套规章制度

《农药登记管理办法》《农药生产许可管理办法》《农药经营许可管理办法》《农药标签和说明书管理办法》《农药登记试验管理办法》5个配套规章完成制（修）订，于2017年6月21日以农业部令发布，8月1日起实施。《农药登记资料要求》《农药标签二维码格式及生成要求》《限制使用农药名录（2017版）》《农药生产许可审查细则》《农药登记试验单位评审规则》《农药登记试验质量管理规范》6个规范性文件完成制（修）订，2017年9～10月陆续以农业部公告发布实施。依据《农药管理条例》《中华人民共和国固体废物污染环境防治法》及《土壤污染防治行动计划》（简称"土十条"）规定，制定《农药包装废弃物回收处理管理办法》部门规章，形成征求意见稿。

（二）部署推进贯彻落实

2017年6月25日，《农业部关于加强管理促进农药产业健康发展的意见》印发，明确了农药产业发展的思路目标任务和加强农药管理工作的要求。5月3日，农业部召开《农药管理条例》贯彻落实工作对接会，培训《农药管理条例》有关规定，与各省份对接落实《农药管理条例》赋予农业部门的新职责。6月29日，召开全国农药管理工作视频会议（图3-1），在各省份及重点市、县设立分会场，农业部副部

图3-1　全国农药管理工作视频会议

长余欣荣做重要讲话，分析了农药管理形势，明确了思路和任务，安排部署了农药管理各项工作。7月5日，召开全国农药管理座谈会，贯彻落实《农药管理条例》规定和全国农药管理工作视频会议精神，进一步对接落实农药登记、生产许可、经营许可等各项工作。

（三）积极协调职能划转

按照《农药管理条例》明确的管理体制框架，积极推进农药管理职能划转、农药管理机构和编制调整事宜。2017年10月，经中编办批准，农业部决定在种植业管理司加挂"农药管理局"牌子，并于10月10日召开新闻通气会，通报成立农药管理局有关情况。同时，积极推动各省份的机构设置、职能划转工作，山东、浙江、江苏、广东4个省的省委机构编制委员会办公室批复省农业厅成立农药管理机构、划转行业管理及农药生产职能。

（四）加强《农药管理条例》宣传培训

做好《农药管理条例》发布后的宣传解读工作，农业部于2017年6月在全国范围内组织开展《农药管理条例》宣传月活动，并组织开展《农药管理条例》贯彻落实培训，分区域举办5期培训班，重点培训省级部门农药管理骨干和试验单位技术负责人，以及部分农药生产企业和经营单位负责人。各省、市、县利用多种方式，层层开展培训（图3-2、图3-3）。据统计，全国31个省份共举办各类培训4 100多次，培训人员超过35万人次。

图3-2 吉林省《农药管理条例》宣传月活动启动仪式

图 3-3　重庆市《农药管理条例》集中宣传咨询活动

三、农药登记管理

农药登记管理以落实"放管服"、深化农药登记审批改革为主线，以管理创新与技术创新为抓手，扎实推进农药登记审批，强化农药登记风险管控。

（一）完善登记评审流程

开展农药登记政务公开自查和"放管服"改革专项核查，落实《农药管理条例》规定，自2017年6月1日起不再受理、批准临时登记、分装登记及其续展登记，不再受理、批准田间试验许可申请。定期开展农药登记审批风险排查，执行内部风险防控措施，加大审批信息公开内容，系统梳理农药登记审批事项，严格执行关于过渡期登记政策规定，严格控制登记公示时间跨度，努力保障登记评审的公平、公正和公开。完善农药登记评审程序。对登记汇总、公示、上报及打证程序进行优化，将非行政审批中涉及登记证和标签信息变更的纳入行政审批程序。

同时，按照新修订的《农药管理条例》要求，经有关部门和单位推荐、公示，组建了第九届全国农药登记评审委员会，分产品化学、毒理学等7个专业评审组，专家人数154名，评审会议将采取保密、回避、随机抽取专家的方式，保障评审工作科学、公平、公正（图3-4）。

图3-4　第九届全国农药登记评审委员会第九次执行委员会议

（二）扎实开展农药登记审批

按时高效完成行政审批任务。据统计，截至2017年年底，共完成行政审批事项10 674项，其中田间试验4 959个、临时登记904个、正式登记4 747个、分装登记64个。办理登记证及标签信息变更4 127项，核发并上网公布15批共2 603个电子标签。严格执行公示制度，全年通过中国农药信息网公示12批共4 243个拟批准登记的农药产品，收到各类公示反馈意见98份，经核实否决登记产品23个，否决原因包括产品专利、原药来源证明、资料授权等问题，促进了登记公正性和监督制约。做好函询服务工作，办理登记信息公开、咨询函复等，涉及百草枯、氯化苦、药肥混剂、植物生长调节剂、标签以及登记信息核查、政策释疑解答等。

认真贯彻落实《农业部办公厅关于〈国务院关于第二批取消152项中央指定地方实施行政审批事项的决定〉的通知》（农办办〔2016〕5号）精神，完成18个批次登记续展评审，继续保持100%的按期办结率。审批登记延续资料4 405个产品，其中通过产品为 3 726 个，否决产品 679 个。

（三）加快特色小宗作物用药登记

2017 年共安排 500 万元专项经费，组织 31 个省（自治区、直辖市）筛选 195 个农药产品在 44 种特色小宗作物的 57 个防治对象上开展田间试验，加快试验登记步伐。在积极探索特色小宗作物用药产品试验资料集中评审、申请产品集中申报、快速审评工作机制的基础上，组织召开了江苏、海南、山东、辽宁 4 个省的特色小宗作物用药登记联合评审会，集中评审了 8 种特色作物上的 144 个农药产品，大大提高评审效率和企业申报速度。特别是山东、辽宁两省，为了在新的《农药登记资料要求》实施前完成评审工作，确保特色小宗作物用药登记评审的高速度和高效率。目前，已累计完成 732 个农药产品在 20 个小宗作物、36 个防治对象上的农药登记，逐步缓解小宗作物无登记农药可用的矛盾。

（四）稳步推进登记后评价

根据全国农药登记评审委员会会议纪要精神，完成涉及溴甲烷、硫丹、丁硫克百威、乙酰甲胺磷和乐果等 5 种农药登记管理意见的公告起草工作，于 2017 年 7 月 14 日以农业部公告第 2552 号发布（图 3-5）。开展高毒农药淘汰工作，先后两次召开高毒农药淘汰研讨会，征求行业专家和生产企业意见，制定加快淘汰高毒农药的实施方案，推进 10 种高毒分批禁用，制定完成涕灭威等 3 种高毒农药禁用管理建议，提交全国农药登记评审委员会审议。推进 8 种风险农药再评价，开展多菌灵、三唑磷、莠去津、吡虫啉、混灭威、速灭威、甲草胺、丁草胺等 8 个农药品种再评价工作，明确风险点，收集和汇总风险信息。梳理周期再评价农药品种，对登记超过 15 年、20 年的老旧农药品种进行登记数据收集，明确 666 个有效成分中，登记超过 15 年的品种为 487 个，分类分批开展再评价。开展农药安全风险监测，2017

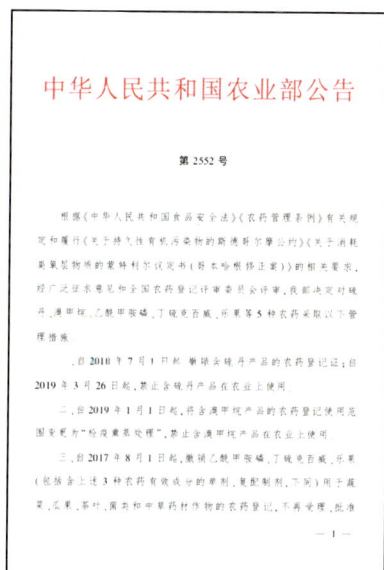

图 3-5　农业部公告第 2552 号

年上报农药安全风险事件626例，涉及177个有效成分。其中，农业生产安全风险（药害）事件311例，农产品质量安全风险（残留）事件138例，农业生产安全风险（抗性）事件109例，农业生产性人畜安全风险（中毒）事件35例，生态环境安全风险事件33例。

三、农药市场监管

（一）完善监督抽查机制

结合国家推行监管"双随机"的要求，在总结近几年监督抽查工作的基础上，研究完善监管工作方案、机制，提出实行分类监管：随机抽查用于掌握全国农药产品质量总体情况，指定抽查用于全面组织检查涉嫌违规生产严重的企业，专项抽查用于农药行业问题突出的产品（如生物农药、卫生杀虫剂、烟剂等）或涉嫌问题严重的企业。4月，在全国范围内部署开展农药监督抽查工作，并发布《指定抽查农药生产企业名单》，分随机抽查、专项抽查和指定抽查3类进行监督抽查。

（二）市场监督抽查情况

2017年重点抽查了蔬菜、果树、茶树、水稻、小麦、玉米、棉花、大豆等作物用药，涉及28个省（自治区、直辖市）的农药生产企业。共抽检农药样品5 029个，合格样品4 472个，合格率为88.9%（图3-6）；不合格样品557个，不合格率为11.1%。其中，检出假农药（标明的有效成分未检出或擅自加入其他农药成分）351个，占样品总数的7.0%，占不合格样品的63.0%。

按照农药监督抽查分类，有以下特点：一是随机抽查产品合格率较高。随机抽查农药样品3 512个，合格样品3 253个，合格率为92.6%，比2016年提高6.8个百分点。二是重点抽查产品合格率偏低。对170家农药生产企业（标称）的560个产品进行重点抽查，质量合格的379个，合格率为67.7%。三是生物农药产品合格率较低。对生物农药及卫生杀虫剂进行专项抽查，共抽查957个产品，合格产品840个，合格率为87.8%。生物农药合格率最低，抽检产品215个，质量合

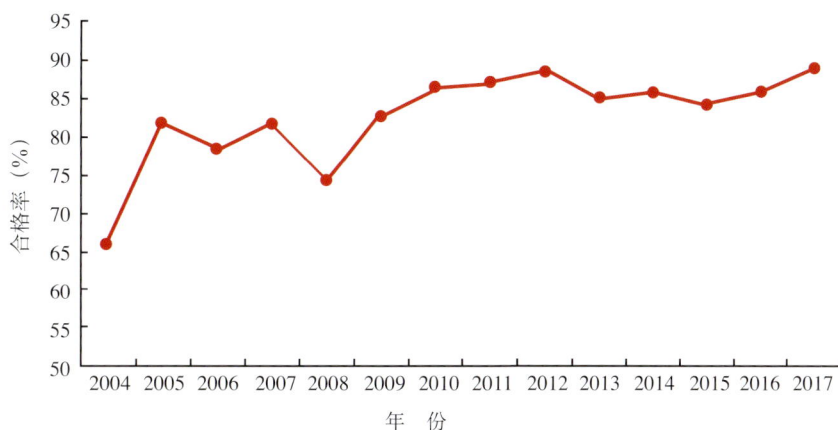

图 3-6　近年来农药产品质量抽检合格率

格的 124 个，合格率为 57.7%。卫生杀虫剂合格率高一些，抽检产品 37 个，质量合格的 30 个，合格率为 81.1%。四是非法添加百草枯问题突出。抽检的 197 个灭生性除草剂（敌草快、草甘膦、草铵膦）水剂中，非法添加了百草枯有效成分的产品有 17 个，占 8.6%。在 84 个敌草快水剂中有 15 个非法添加了百草枯，占 17.9%。五是单剂产品质量高于混剂产品。抽检的 5 029 个样品中，单制剂 3 934 个，质量合格的 3 532 个，合格率为 89.8%；混剂 1 095 个，质量合格的 940 个，合格率为 85.8%。六是除草剂产品、杀菌剂产品质量好于杀虫剂产品。抽检的 5 029 个样品中，杀虫剂 2 781 个，质量合格的 2 385 个，合格率为 85.8%；杀菌剂 1 006 个，质量合格的 925 个，合格率为 91.9%；除草剂 1 185 个，质量合格的 1 108 个，合格率为 93.5%；其他 57 个产品中，质量合格的 54 个，合格率为 94.7%。

（三）农药质量主要问题

从抽检结果看，农药质量存在不少问题（同一产品同时存在几种情况的，重复计算）。一是标明的有效成分未检出。标明的有效成分（或其中一种有效成分）未检出的样品有 165 个，占质量不合格样品的 29.6%。未检出的农药有效成分为：阿维菌素、马拉硫磷、高效氯氟氰菊酯、甲氨基阿维菌素苯甲酸盐、苦参碱、吡虫啉、三唑磷、氰戊菊酯、敌百虫、啶虫脒、高效氯氰菊酯、联苯菊酯、辛硫磷、多菌灵、百菌清、丙环唑、春雷霉素、噁霉灵、代森锰锌、氟吡菌酰胺、咪鲜胺、甲基硫菌灵、敌草快、乙草胺、噻吩磺隆、苯噻酰草胺、2,4-滴丁酯和五氯硝基苯等。二是擅自添加其他农药成分。产品中添加其他农药成分的样品有236个，占质量不合格样品的42.4%。其中需要引起注意的：添加高毒农药的有33个，占14.0%；添加菊酯类农药的有56个，占23.7%；添加限用农药产品的有46个，占19.5%。还有25个产品检出克百威，2个产品检出水胺硫磷，3个产品检出硫丹，2个产品检出甲拌磷，3个产品检出氟虫腈。三是有效成分含量不符合要求。产品中含有标明的有效成分，但达不到标准要求的有206个，占质量不合格产品的37.0%。其中，一种或总有效成分含量低于标准规定含量50%的产品有80个，占有效成分含量不符合要求产品数量的38.8%。四是部分产品被标称生产企业确认为假冒产品。抽检的5 029个样品中，有636个产品被94家标称生产企业确认为假冒其产品。经检测判定，在636个产品中，质量合格的产品237个，合格率为37.3%；质量不合格的399个，不合格率为62.7%。

四、管理技术支撑

（一）加快技术标准制（修）订

积极推进残留标准体系建设，新制定残留限量677项，审议通过残留标准1 079项。其中，486项标准涉及小作物和特色农产品，为特色产业发展提供基础安全保障。强化风险评估技术的实践应用，在农药登记政策中明确关于农药对健康、环境影响等方面的风险评估要求，并公开发布3个报告模板和5个评估模型。各专业领域开展技术攻关，在快速检测、生物农药、试验规范等领域组织拟订22项行业标准。辅导国内企业申请国际标准，2017年国内企业申报10项国际农药产品标准，参与3项全球分析检测方法验证。

（二）推进数字监管平台建设

为进一步推进信息化、数字化技术在农药管理工作中的应用，2017年正式启动中国农药数字监督管理平台建设。平台总体框架按照"2+N"的思路，即基础数据子平台、行政许可子平台和全国农药质量追溯系统、监督执法服务系统、行业统计系统、风险监测系统、行业一张图系统等若干业务系统。2017年10月，平台部分功能初步上线运行。截至2017年年底，平台总体框架初步建成（图3-7），基础数据子平台汇总形成数据中心，核定了以作物、防治对象、施用方法分类为主要内容的近2 000项等基本条目数据，上报结构化数据5万多条。开发完成了农药登记、新农药登记试验、试验单位认定、生产许可及经营许可信息采集等功能，部分省份已率先使用数字平台完成生产许可证印制发放。全国农药质量追溯系统开通，已生成二维码数据13亿条。基于地理信息技术，初步完成农药生产经营试验单位位置标定和年度产量图形化展示，为全面落实《农药管理条例》要求提供了重要技术支撑。

图3-7 中国农药数字监督管理平台首页

五、国际职责及履约

（一）成功举办国际食品法典农药残留委员会第49届年会

国际食品法典农药残留委员会（CCPR）第49届年会于2017年4月22～29日在北京召开，农业部副部长余欣荣、联合国粮食及农业组织驻华代表马文森博士、国际食品法典委员会秘书长汤姆·黑兰德博士出席了开幕式并致辞，农业部办公厅、国际合作司、种植业管理司、农产品质量安全监管局和农业部农药检定所的领导出席了开幕式（图3-8）。来自联合国粮食及农业组织（FAO）、世界卫生组织（WHO）、国际原子能机构（IAEA）等13个国际组织，以及欧盟、美国、澳大利亚等53个成员的320名代表参加了本届年会。会议讨论和审议了国际食品法典农药残留限量标准草案、食品和饲料分类修订草案、农药残留分析方法评价指南、农药优先评估列表、国际短期膳食评估公式修订等13项议题。审议了38种农药在动植物产品中的621项残留限量标准，通过了38种农药的488项农药残留

图3-8 国际食品法典农药残留委员会第49届年会开幕式

限量国际标准，废除了103项老标准，修订了10个蔬菜类商品作物组分类，通过了《农药残留分析方法的性能评估指南》。除正式议题外，会议还组织了我国新颁布的《农药管理条例》、食品法典标准需求、农药代谢数据库等3个边会，交流了亚太经合组织（APEC）食品安全论坛关于尽快限量标准制定指南工作的进展，以及日本开展食品法典农药残留标准培训工作的情况。

（二）履行国际公约

参与国际公约履约谈判。2017年，参加《巴塞尔公约》《鹿特丹公约》《斯德哥尔摩公约》在日内瓦召开的三公约缔约方大会，参加《鹿特丹公约》化学审查委员会和《斯德哥尔摩公约》持久性有机污染物审查委员会会议，圆满完成会议任务。组织公约宣传和履约技术研讨。举办《鹿特丹公约》等国际公约履约专家研讨会，参加中国农药工业协会组织的乙草胺协作组会议，参加环境保护部组织中国履行《斯德哥尔摩公约》技术协调会和硫丹项目工作会。向企业介绍公约知识和履约注意事项，提高企业的履约自觉性；分析公约发展趋势及对我国农药行业的影响，预警企业提前应对，避免企业盲目投资。向其他部委介绍农业部的农药履约工作进展和经验，研究提升履约技巧，争取硫丹和氟虫胺替代相关项目。妥善处理履约技术难点。邀请中国农业大学等科研院所的相关专家，组建履约专家组，处理农药履约技术难点。此外，作为《鹿特丹公约》农药履约指定国家主管部门，根据2014年3月环境保护部、农业部等12个部委联合发布第21号公告，组织力量收集汇总材料，完成硫丹等7种农药最后管制行动通知，履行缔约国义务，得到了公约秘书处肯定。发出和回复出口通知35份。

（三）技术性贸易措施官方评议

组织开展来自美国、加拿大、巴西、欧盟、日本、澳大利亚等30多个国家和地区的332份农药、食品领域的技术性贸易措施的技术评议工作，对欧盟新烟碱类农药、内分泌干扰物等措施进行重点评议，其中技术性贸易壁垒（TBT）通报68项，动植物卫生检疫措施（SPS）通报264项，涉及近千种农药，近万项农药、农产品限量以及百余项农药登记管理措施和条例规章。分5批次提出了近百份重要通报的正式评议意见，提出技术质疑、标准国际协调性等12条对外意见，以及行业预警、标准制（修）订、农药登记管理、进口检测、专题技术研究等方面的对内建议和预警72条。首次按照世界贸易组织（WTO）程序要求对WTO成员通报了我国新修订的《农药管理条例》和5个配套规章等农药管理措施，完成2批次对外通报我国农药残留国家标准草案，答复美国对我国农产品农药最大残留限量（MRLs）技术问题的咨询意见。

4

农药登记产品

　　2017年，我国农药登记产品加快向安全高效、环境友好的方向发展，高毒高风险品种加速淘汰，生物农药、植物生长调节剂等进一步发展，产品结构逐步优化。受政策变化影响，产品数量出现较快增长。

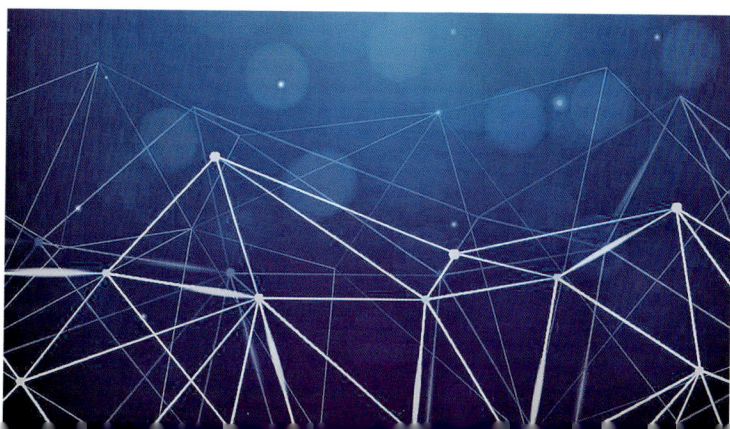

中国农药发展报告 2017 · 第四章　农药登记产品

一、登记总体情况

截至2017年年底，我国处于有效期内的登记产品共计38 247个，相比2016年年底增加了2 643个，是2016年增量的两倍多。2017年新增登记产品3 885个，为近5年最多。新修订的《农药管理条例》中农药登记政策的重要变化之一就是提高门槛，配套规章对登记管理政策、登记资料要求等进行了全新设计。农药企业纷纷抢在新政策实施前，抓紧将旧政策体系下开发的农药产品提交登记申请，以避免因政策要求变化导致的浪费和投入增加，致使2017年出现了登记产品数量快速增长的现象。从近年来登记产品总量变化来看，自2013年年底的登记产品不足3万个至今，我国登记产品以平均每年2 100多个的速度净增长。其中，新增数量年均约3 300个，退出数量年均约1 200个。

按登记类型分，有效期内的正式登记产品37 448个、临时登记产品509个、分装登记产品290个。从近5年的变化情况看，总量与正式登记呈逐步上升趋势，临时登记数量逐年递减（图4-1）。而且受新修订的《农药管理条例》取消临时登记、放开委托分装等政策影响，临时登记和分装登记数量在2017年出现了大幅减少，到2018年5月底全部退出。

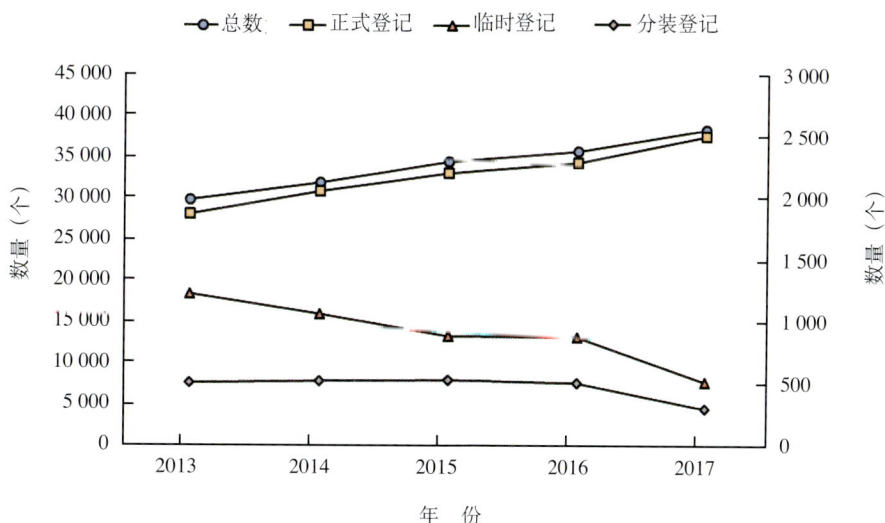

图4-1 近5年各类型登记数量变化

注：临时登记和分装登记的数量参考右侧刻度值

二、登记产品情况

（一）原药、制剂

按原药、制剂分，截至2017年年底，有效期内原药产品4 515个、制剂产品33 732个；新增登记原药产品434个、制剂产品3 451个。从近5年来看（图4-2），已登记产品中原药产品的占比基本保持平稳，但2013—2015年新增登记产品中原药产品比例逐年升高，2015年之后便开始缓慢下降，表明近两年企业申请登记制剂产品的意愿有所提高。

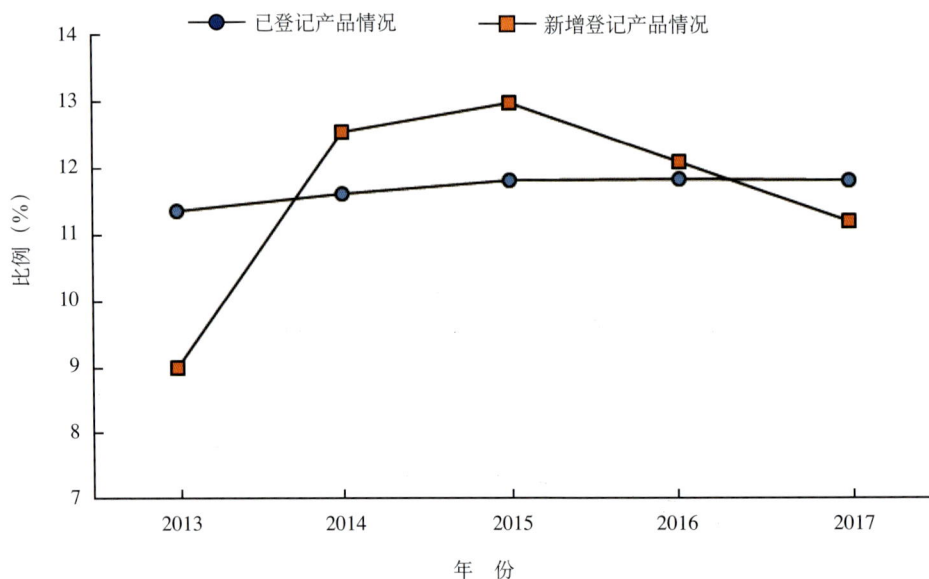

图4-2　近5年原药产品比例变化

（二）产品类别

按产品类别分（表4-1），已登记产品中，杀虫剂占比最高，其次为杀菌剂、除草剂，卫生杀虫剂占比6.7%，植物生长调节剂占比2.4%。2017年新增登记产品中，除草剂、杀菌剂、杀虫剂占比依次递减，上述三类主要的农药分别占到已登记产品总数的90%和新增登记产品的91.9%。从近5年新增登记产品来看（图4-3），这三类主要农药产品所占的比例发生了较为明显的变化。杀虫剂逐年下降后趋稳，杀菌剂连续上升后回降，除草剂近3年持续上升，基本反映了近年来农药研发的总体方向。随着这种趋势的延续，已登记产品中杀虫剂占比降低，杀菌剂、除草剂占比升高，这三类产品的比例将更加趋于均衡。此外，卫生杀虫剂产品所占比例逐年下降。植物生长调节剂2017年新增登记产品124个，是2016年的2.7倍，尽管近几年所占比例略有波动，但总体呈增长态势。

表4-1　2017年登记产品类别情况

产品类别	已登记产品		新增登记产品	
	数量（个）	比例（%）	数量（个）	比例（%）
杀虫剂	14 865	38.9	967	24.9
杀菌剂	9 857	25.8	1 186	30.5
除草剂	9 675	25.3	1 417	36.5
植物生长调节剂	927	2 4	124	3.2
杀鼠剂	133	0.3	2	0.1
卫生杀虫剂	2 545	6.7	163	4.2
其他	245	0.6	26	0.7

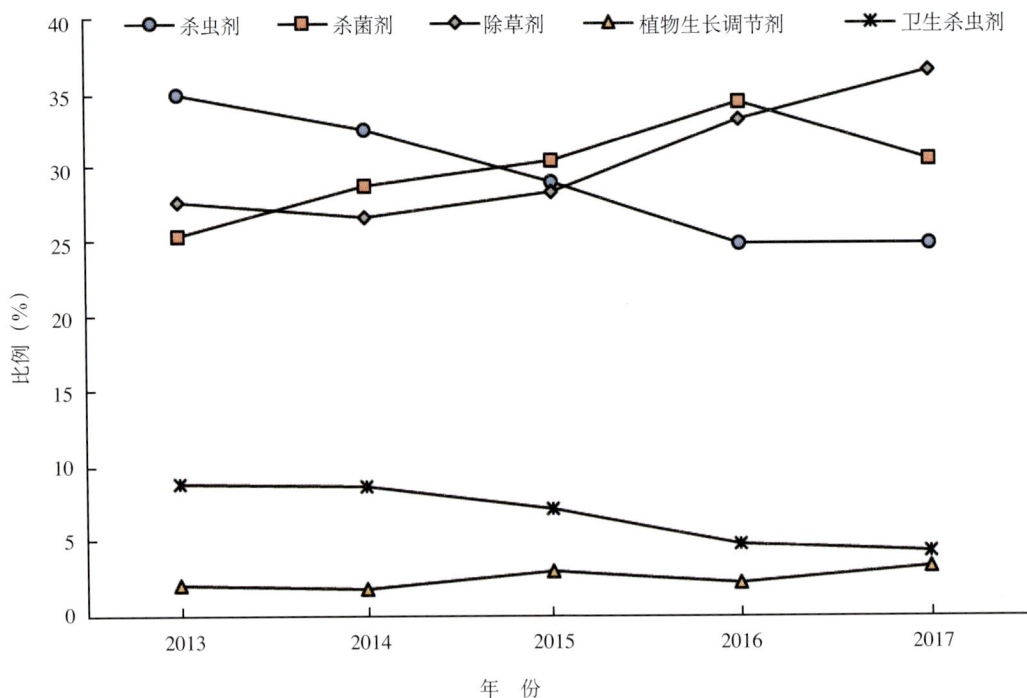

图4-3　近5年新增登记产品中各类产品比例变化

（三）产品毒性

　　从产品毒性看，在已登记产品中，微毒产品比例为8%、低毒产品比例为75.1%，两者合计达到83.1%；中等毒产品比例为15.6%、高毒及剧毒产品比例约为1.3%。2017年新增登记产品中，低毒及微毒产品比例为94.1%，无高毒及剧毒产品新增登记。近年来，农业农村部门引导鼓励高效、低毒、低风险农药研发及登记，并加快高毒高风险农药退出，取得了显著的成效。从近5年情况看（图4-4），无论是新增登记产品，还是有效期内产品，低毒及微毒产品合计所占比例均稳步增长。

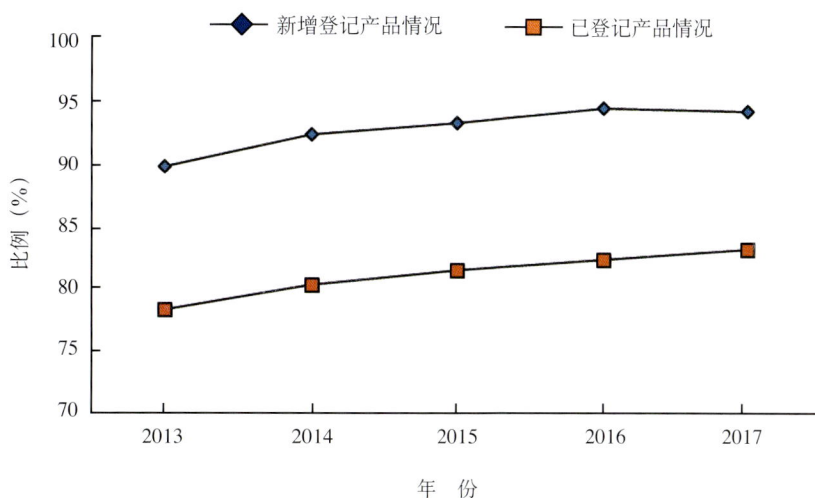

图 4-4 近 5 年低毒及微毒产品合计比例变化

（四）制剂剂型

从制剂剂型看（表 4-2），已登记产品中，数量前 10 位的剂型变化不大。乳油、可湿性粉剂两大传统剂型仍然牢牢占据榜首，但在制剂中所占比例均继续下降，且合计占比首次跌破半数，为 48.6%；悬浮剂、水剂、水分散粒剂等剂型的比例基本稳定，均有所升高。新增登记产品中，数量前 10 位的剂型进退不一，但总体来看，环境友好型的剂型比例不断增大。悬浮剂产品数量遥遥领先，占到制剂产品数量的 27.9%，随后分别是水剂、水分散粒剂、可湿性粉剂和可分散油悬浮剂。值得一提的是，水剂产品的比例明显提升，数量增加了 1 倍多，由 2016 年的第 5 位跃升至 2017 年的第 2 位。

表 4-2 2017 年登记产品剂型情况

已登记产品			新增登记产品		
剂型	数量（个）	占制剂比例（%）	剂型	数量（个）	占制剂比例（%）
乳油（1）	9 534	28.3	悬浮剂（1）	964	27.9

（续）

已登记产品			新增登记产品		
剂型	数量（个）	占制剂比例（％）	剂型	数量（个）	占制剂比例（％）
可湿性粉剂（2）	6 860	20.3	水剂（5）	410	11.9
悬浮剂（3）	4 210	12.5	水分散粒剂（3）	376	10.9
水剂（4）	2 525	7.5	可湿性粉剂（2）	304	8.8
水分散粒剂（5）	1 892	5.6	可分散油悬浮剂（4）	283	8.2
水乳剂（6）	1 152	3.4	乳油（6）	214	6.2
微乳剂（7）	1 083	3.2	颗粒剂（8）	136	3.9
可分散油悬浮剂（8）	831	2.5	水乳剂（7）	131	3.8
颗粒剂（10）	659	2	悬浮种衣剂（9）	112	3.2
可溶粉剂（9）	633	1.9	微乳剂（10）	96	2.8

注：括号内数字为2016年排名。

（五）登记作物

从登记作物看（表4-3），已登记产品及新增登记产品的登记作物主要以大田作物为主，包括水稻、小麦、棉花和玉米等，其中水稻是登记最为集中的作物，占到已登记产品总数的29%和新增登记产品数量的25.1%。此外，登记较为集中的作物还有甘蓝、黄瓜、十字花科蔬菜等蔬菜类，以及柑橘、苹果等水果类。近年来，农业农村部门加快推进特色小宗作物用药登记，部分农药产品已经在铁皮石斛、人参、冬枣、枸杞、荔枝、杨梅等作物上进行了登记，有效解决了一些特色小宗作物无登记农药可用的问题。

表4-3　2017年登记产品的登记作物情况

已登记产品			新增登记产品		
作物名称	数量（个）	占制剂比例（%）	作物名称	数量（个）	占制剂比例（%）
水稻	9 794	29.0	水稻	866	25.1
棉花	3 761	11.1	小麦	363	10.5
小麦	3 428	10.2	玉米	337	9.8
柑橘	2 934	8.7	非耕地*	334	9.7
玉米	2 887	8.6	黄瓜	293	8.5
甘蓝	2 696	8.0	柑橘	236	6.8
苹果	2 681	7.9	甘蓝	203	5.9
黄瓜	2 561	7.6	苹果	164	4.8
卫生*	2 235	6.6	室内*	133	3.9
十字花科蔬菜	1 995	5.9	葡萄	101	2.9

注：*均为登记产品作物名称里特指的对象。

三、登记品种情况

（一）现有有效成分

截至2017年年底，我国有效期内登记产品相关的农药有效成分共678种，平均每种有效成分登记产品为56.4个，新增登记产品相关的有效成分共412种（表4-4）。从类别看，已登记产品相关的有效成分以杀虫剂、杀菌剂、除草剂为主，杀虫剂最多，杀菌剂、除草剂次之，数量相当。新增登记产品相关的有效成分中，杀虫剂占比仍然较多，但杀菌剂、除草剂占比明显提高。从新增登记产品与已登记产品相关的有效成分类别的比例（B/A）来看，植物生长调节剂登记的品种涉及面较广，比例超过70%，除草剂、杀菌剂的比例也均超过60%。

表4-4 2017年登记产品相关的有效成分情况

有效成分类别	已登记产品相关的有效成分（A）（种）	新增登记产品相关的有效成分（B）（种）	B/A（%）
杀虫剂	242	141	58.3
杀菌剂	179	111	62
除草剂	173	110	63.6
植物生长调节剂	55	39	70.9
杀鼠剂	12	2	16.7
其他	17	9	52.9
合计	678	412	60.8

（二）热门品种

从已登记产品数量靠前的品种来看（表4-5），热门品种仍然以杀虫剂为主。阿维菌素依然居首，登记产品数量达到1 728个。除此之外，还有吡虫啉、毒死蜱、草甘膦、高效氯氰菊酯、辛硫磷的登记产品数量为上千种。从新增登记产品数量靠前的品种看，2017年新增登记产品的热门品种以除草剂为主。虽然登记数量最多的是杀菌剂——吡唑醚菌酯，达到211个，但草铵膦、莠去津、草甘膦、硝磺草酮占据了前5名的其余4个席位。而且，草铵膦、草甘膦作为近年来的热门除草剂品种，登记产品数量增长了两倍多，分别升至第2位和第4位。在未进入前10位的品种中，2017年9月国内化合物专利到期的五氟磺草胺，成为各家企业集中登记的对象，新增登记原药产品40个，原药产品数量从2个跃升至42个。

表4-5　2017年登记产品较多的农药品种

有效期内登记产品		新增登记产品			
农药品种	总数（个）	农药品种	原药（个）	制剂（个）	总数（个）
阿维菌素	1 728	吡唑醚菌酯（1）	20	191	211
吡虫啉	1 332	草铵膦（10）	20	158	178
毒死蜱	1 097	莠去津（2）	4	168	172
草甘膦	1 085	草甘膦（11）	2	142	144
高效氯氰菊酯	1 076	硝磺草酮（3）	8	133	141
辛硫磷	1 000	阿维菌素（7）	0	137	137
多菌灵	963	噻虫嗪（4）	1	135	136
莠去津	897	苯醚甲环唑（5）	1	126	127
代森锰锌	874	戊唑醇（8）	1	119	120
高效氯氟氰菊酯	808	烟嘧磺隆（9）	2	112	114

注：括号内数字为2016年排名。

（三）相似产品情况

我国登记产品同质化现象较为突出，相似产品（指有效成分、含量和剂型相同的制剂，含量和有效成分相同的原药也按相似产品统计）较多。经初步整理统计，已登记产品中，相似产品数量达9 000多个，对应的登记证产品数量超过300个的有：41%草甘膦异丙胺盐水剂、25克/升高效氯氟氰菊酯乳油、1.8%阿维菌素乳油等。由此计算平均每个有效成分对应的相似产品数量约13个。其中，甲氨基阿维菌素苯甲酸盐、吡虫啉、阿维菌素、高效氯氰菊酯、毒死蜱等品种对应的相似产品数超过了40个。2017年新增登记产品中，相似产品数量也多达2 000多个，对应的登记证产品数量较多的有：200克/升草铵膦水剂、25%吡唑醚菌酯悬浮剂、98%五氟磺草胺原药、10%草铵膦水剂等。

（四）新有效成分

2017年首次取得登记的有效成分有17个（表4-6），其中杀虫剂（含杀螨剂）6个、杀菌剂5个、除草剂2个、植物生长调节剂4个。所有有效成分均属于微毒或低毒，且生物农药品种的比例达到58.8%（10/17），首次超过了化学农药。境内创制的农药品种共12个，其中生物农药品种10个，我国企业在生物农药开发方面取得了明显成效。境外企业申请登记的新有效成分尽管不多，但多为机理新颖、低残留、低风险的化合物，仍然主导着现代化学农药研发的方向。

表4-6　2017年首次取得登记的有效成分情况

有效成分名称	农药类别	境内／境外
14-羟基芸苔素甾醇	植物生长调节剂	境内
2,4-滴丁酸	除草剂	境内
22、23、24-表芸苔素内酯	植物生长调节剂	境内
β－羽扇豆球蛋白多肽	杀菌剂	境外
二氢卟吩铁	植物生长调节剂	境内
呋喃磺草酮	除草剂	境外
环氟菌胺	杀菌剂	境外

（续）

有效成分名称	农药类别	境内／境外
环氧虫啉	杀虫剂	境内
解淀粉芽孢杆菌 B1619	杀菌剂	境内
解淀粉芽孢杆菌 Lx-11	杀菌剂	境内
解淀粉芽孢杆菌 PQ21	杀菌剂	境内
腈吡螨酯	杀螨剂	境外
糠氨基嘌呤	植物生长调节剂	境内
三氟苯嘧啶	杀虫剂	境外
苏云金杆菌 G033A	杀虫剂	境内
戊吡虫胍	杀虫剂	境内
异色瓢虫	杀虫剂	境内

四、登记产品展望

　　总体来看，随着政策引导和市场主体作用，我国农药登记产品正加快向安全高效、环境友好的方向发展，高毒高风险品种加速淘汰，生物农药、植物生长调节剂等进一步发展，产品结构逐步优化，对农业生产的保障作用不断增强。但登记产品总量仍然较多，而且受政策调整影响，增速并未放缓。同质化问题依然持续，抢登过专利保护期品种的现象仍未改观。

　　新修订的《农药管理条例》配套的《农药登记资料要求》已于2017年11月1日施行，一大批遵照旧资料要求的登记申请已经进入评审环节。随着这些申请的集中完成，预计2018年登记产品总量还将出现较大幅度的增长。但随着各项新政的逐步落实并发挥作用，一方面登记资料要求提高、含量梯度限制等进一步把紧入口关，另一方面开展周期性再评价、发现重大风险可撤销登记，登记产品数量将逐渐趋稳，产品结构也将随着新旧交替而逐步优化。

随着我国社会主要矛盾的转变，农业发展的重心已经由主要追求数量转向数量与质量并重，且更加注重质量。农药作为重要的农业投入品，不仅直接影响农业生产的产出数量，更与质量提升、绿色发展息息相关，在质量兴农、绿色兴农战略中将发挥不可或缺的重要作用。农药登记作为农药进入市场的关口，必将在调控产品结构，以适应农业发展要求方面发挥更加积极的作用。各级农药管理部门必须将新修订的《农药管理条例》明确的各项制度、举措落实到位，积极发挥政策引导作用，同时企业主体也要顺应形势、主动作为，合力加快推进农药登记产品的结构优化和提质升级，为农业绿色发展、高质量发展提供更加有力的物质和技术支撑。

5

第五章

农药工业运行

在经历了连续几年的低迷之后，2017年我国农药行业管理监督政策推新，市场供需结构转变，行业优势资源整合，环保、安全重压升级，国内农药工业在这一年表现出较大的起伏变化。在复杂多变的大环境下，农药企业面临着巨大的发展压力，同时转型升级过程中也出现了新的机遇。

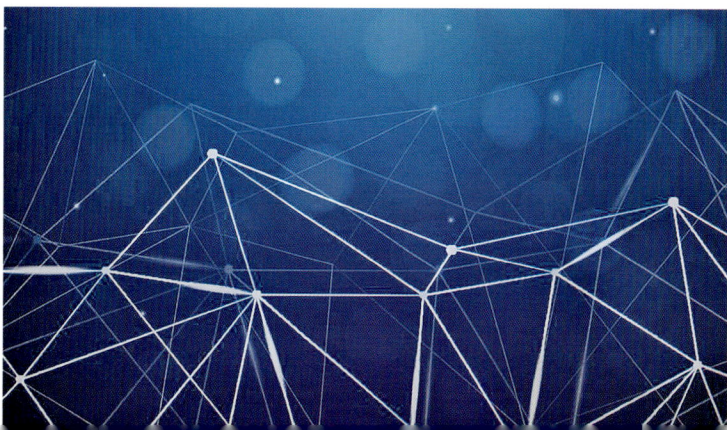

中国农药发展报告 2017·第五章 农药工业运行

一、农药生产情况

据国家统计局统计，2017年全国累计生产化学农药原药294.1万吨，同比下降8.7%。这是中国农药行业21世纪以来第一次出现产量同比下降的情况。其中，除草剂作为最大的农药品类，领跌了产量走势，除草剂原药产量为114.8万吨，同比下降19.5%。杀虫剂原药产量为59.7万吨，同比增长10.5%，占农药总产量的20.3%。杀菌剂原药产量为17.0万吨，同比增长14.6%，占农药总产量的5.8%。

三大类农药中，大宗品种产量有升有降。根据下游市场需求以及环保核查和冬季停、限产导致的产业链紧张，各大品种产量升降差异很大。其中，毒死蜱、乙酰甲胺磷、2,4-滴等品种产量同比增长较快，而草甘膦、乙草胺和多菌灵等品种产量同比小幅下降。

二、行业规模情况

据国家统计局数据显示，2017年，中国农药行业主营业务收入达到3 080.1亿元，同比增长11.8%，利润总额达到259.59亿元，同比增长25.0%（表5-1）。化学农药制造行业主营业务收入同比增长12.1%，生物化学农药及微生物农药制造行业主营业务收入同比增长10.0%。

表5-1　2017年农药行业经济指标

行业类别	行业总资产（亿元）	同比（%）	主营业务收入（亿元）	同比（%）	利润总额（亿元）	同比（%）
农药制造	2 655.03	9.0	3 080.13	11.8	259.59	25.0
化学农药制造	2 359.81	8.2	2 748.70	12.1	233.60	28.4
生物化学农药及微生物农药制造	295.22	16.7	331.44	10.0	25.99	1.1

注：资料来源于国家统计局。

从上市公司表现来看，与2016年冰火两重天的局面不同，已经披露业绩的农药上市公司中绝大部分企业都盆满钵满。其中，红太阳、诺普信、辉丰股份、雅本化学、江山股份、新安化工等公司的利润增速超过了100%。

据中国农药工业协会公布的农药行业销售百强和制剂销售50强榜单，从百强企业整体业绩来看，总销售额达到1 542.574亿元，同比大幅增长40.40%，增幅比2016年高34.59个百分点。销售百强入围门槛上升至3.875亿元，较2016年增加0.845亿元，增幅达27.89%。销售额超过10亿元的企业达50家，较2016年增加11家，占百强企业数量的50%。

在行业整体利润大幅上涨，规模以上企业、上市公司业绩飘红的同时，规模小、技术落后、市场需求不畅的企业经营困难。2017年规模以上企业亏损64家，亏损额达到10.53亿元，同比增长46.6%（表5-2）。

表5-2　2017年农药行业企业亏损情况

行业类别	企业数量（个）	亏损企业		亏损额		亏损面（%）
		数量（个）	同比（%）	金额（亿元）	同比（%）	
化学农药制造	820	64	−15.8	10.53	46.6	7.80
化学原药制造	676	56	−17.6	10.15	57.2	8.28
生物化学农药及微生物农药制造	144	8	0.0	0.38	−48.0	5.56

三、市场价格情况

在经历了连续几年的低稳发展之后，2017年我国农药行业在管理监督政策推新，市场供需结构转变，行业优势资源整合，环保、安监重压升级等大环境下，农药价格指数表现出较大的起伏变化。

据中国农药工业协会监测数据显示，农药价格指数（CAPI）在2017年呈整体增长态势运行。其中，有两个阶段的上涨，第一阶段出现在年初的春节之后，需求增加，市场回暖，尤其体现在3月、4月、5月的实际成交价格上，其中5月农药CAPI出现第一个峰值83.62，较年初增长6.60%，随后有所下跌。第二阶段是自下半年8月开始的市场大回暖，由于受环保、安监等持续重压，上游原材料和中间体市场供应紧张，价格持续上涨，导致农药原药企业成本增加、开工减少，大部分产品供不应求，加之第四季度采暖期多地的停、限产政策更为严格，原药产品成交价格不断大幅上涨，CAPI于12月达峰值，为98.01，这也是近3年以来最高值，环比增长1.84%，同比增长31.81%，较年初增长24.95%。

除草剂方面，据中国农药工业协会统计，2017年12月除草剂CAPI为85.47，环比增长1.19%，同比增长24.55%，较年初1月增长16.99%。第一季度除草剂CAPI整体平稳运行，基本维持在73.0～74.0；第二季度在市场需求带动下有所回涨，6月、7月由于需求减弱、企业停工检修增多，价格回落明显，CAPI于7月达最低值69.80，较年初1月下降4.46%；8月开始快速回涨，并于12月达最高值85.47，其中8月、9月、10月、11月月度环比增长率分别为2.19%、7.62%、7.98%和11.17%。

2017年，杀虫剂CAPI整体亦大幅回升，在三大类中涨幅最大。12月，杀虫剂CAPI达119.16，为近3年最高值，环比增长2.71%，同比增长59.61%，较年初1月增长51.05%。整体来看，除3月和7月略有小幅下跌（环比分别下降1.02%和0.20%）外，杀虫剂CAPI基本维持不断上涨态势。

2017年，杀菌剂CAPI在波动中上涨。据中国农药工业协会统计，2017年12月杀菌剂CAPI为111.35，环比增长2.36%，同比增长13.62%，较2017年年初1月增长11.27%，为近3年来最高值，首次突破111.0。整体来看，2017年上半年杀菌剂CAPI波动较小，基本维持在98.0～103.5；进入下半年，受行业整体影响，杀菌剂产品原药成交价格上涨显著，8～11月维持在106.5～109.0，处于高位，并于12月持续上涨至最高值。

由于上游产能受限、供给紧张而出现了生产端价格上涨过快，但是终端对价格上涨不买账，双方博弈，持续下去对农业生产造成影响。

四、行业重组情况

2016—2017年农药行业重大的并购重组事件为中国化工集团对先正达公司的收购、陶氏化学公司和杜邦公司合并、拜耳公司收购孟山都公司三大事件。随着跨国巨头的并购整合，先前的六大领先巨头的格局彻底告别历史舞台，全球农药发展迎来新纪元。除此之外，国内行业也纷纷跟进重组步伐。

2017年1月10日，湖北沙隆达股份有限公司发布公告称，公司拟向中国化工农化总公司发行股份购买其拟持有的ADAMA公司（ADAMA Agricultural Solutions Ltd）的100%股权。本次ADAMA公司的100%股权的作价为185亿元。

1月10日，江西禾益化工股份有限公司发布公告称，与深圳市融信南方投资有限公司、江苏常隆农化有限公司及江苏常隆化工有限公司签署《股权转让协议》，公司拟以1.65亿元购买融信南方投资有限公司持有的常隆农化有限公司49%股权。

浙江新安化工集团股份有限公司与浙江嘉化能源化工股份有限公司各出资212.53万元共同收购浙江嘉化集团股份有限公司持有的嘉兴市泛成化工有限公司100%股权，并各出资787.47万元进行同比例增资，这样嘉化能源化工股份有限公司和新安化工集团股份有限公司各持有泛成化工有限公司50%股份。

2月13日，利尔化学股份有限公司与王良芥等签订了《股份转让意向协议书》，公司拟以自有资金11 250万元受让包括转让方在内的湖南比德生化科技股份有限公司股东所持有的比德生化科技股份有限公司45%的股份，成为比德生化科技股份有限公司第一大股东。

北京颖泰嘉和生物科技股份有限公司将其在巴西农化公司CCAB Agro S.A.的全部股份出售给法国InVivo公司，InVivo公司是法国Union InVivo集团的下属公司。

南京红太阳股份有限公司发布公告称，拟以自有资金7 280万元（税前）收购山东科信生物化学有限公司70%股权。

山东胜利股份有限公司发布公告称与江西大刚汽车集团有限公司签署协议，

将持有的山东胜邦绿野化学有限公司的96.25%股权全部转让给江西大刚汽车集团。

托球股份2月16日发布公告称，该公司拟以2 135.03万元收购江苏托普锂新材料科技有限公司100%股权。

9月27日，湖北兴发化工集团股份有限公司与湖北仙隆化工股份有限公司签署了《股权收购意向协议书》，公司有意以现金方式控股收购仙隆化工股份有限公司持有的内蒙古腾龙生物精细化工有限公司不低于51%的股份。

五、政策形势情况

2017年，新修订的《农药管理条例》以及配套的5个管理办法出台。国家对农药的管理集中在"控、压、限、移、减、管"6个字上。控制农药企业数量，减少登记农药产品数量，限制使用高毒高风险农药，引导农药企业进入化工园区，减少化学农药用量，强化农药市场监管。

《农药工业大气污染物排放标准》制定，《排污许可证管理暂行规定》制定，环境保护税法已经颁布实施，《农药工业水污染物排放标准》也已出台，农药行业涉及的相关环保政策越来越严格。

随着农药使用及管理政策日趋严格，传统的高毒、低效农药将加快淘汰，高效、低毒、低残留的新型环保农药成为行业研发重点和主流趋势，农药剂型向水基化、无尘化、控制释放等高效、安全的方向发展，水分散粒剂、悬浮剂、水乳剂、缓控释剂等新剂型加快研发和推广。高效、安全、经济、环境友好的农药新产品的推广将有效促进我国农药产品结构的优化调整，在满足农业生产需求的同时降低对于环境的影响。

2017年以来，环保高压态势以及多地化工厂发生安全事故，导致部分原材料、中间体与原药企业停产和限产，原材料、中间体价格大幅上涨，严重影响到下游原药企业生产和原药价格。原药供应紧缺已经成为主流行情，部分农药中间体和原药企业已经限产、停产多月，下游的制剂企业及外贸交易也受此影响较大。行业人士认为，环保等压力或将长期存在，由此导致的原药涨价或将加速农药行业上下游产业链整合，未来国内农药企业通过兼并重组抱团取暖将是发展的一种选择。

6

第六章

农药使用及推广

2017年，在农作物病、虫、草、鼠害中等偏重发生的形势下，全国继续推进农药使用量零增长行动，大力推广农药减施增效技术，示范一批新农药、新器械、新使用技术、绿色防控技术，积极推动专业化统防统治组织发展，航空植保等现代植保器械得到进一步应用，农药使用技术水平明显提升，农药使用连续保持了负增长趋势，农药利用率进一步提高。

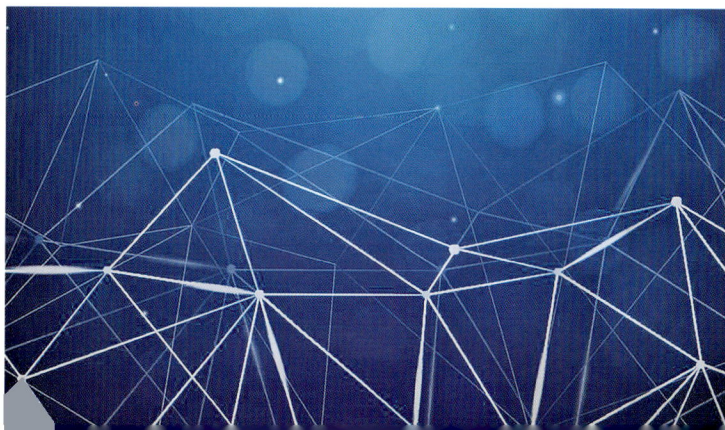

一、农药使用量连续实现负增长

据统计，2017年主要农作物病、虫、草、鼠害总发生面积65亿亩次，防治面积81亿亩次，全年总体情况处于中等偏重发生。其中，水稻病虫害总体中等发生，虫害略重于病害，部分地区二化螟较重发生；小麦病虫害总体偏重发生，条锈病和蚜虫发生明显重于2016年和常年；玉米病虫害总体偏重发生，棉铃虫、黏虫、玉米螟在部分地区发生较重；马铃薯病虫害总体偏轻发生，北方晚疫病发生较轻；棉花病虫害总体中等发生，新疆棉蜘蛛、黄河流域棉盲蝽发生较重；农田草害总体偏重发生，长江中下游、东北稻区和西北稻区抗药性稗草突出；农区鼠害总体中等偏重发生，东北大部、华南大部及西北部分地区呈偏重至大发生态势；农区蝗虫总体中等偏轻发生，吉林、山东、陕西3个省出现高密度点片虫群。

2017年，全国继续贯彻实施农药零增长行动，大力推广农药减量技术，在新农药、新器械、新使用技术、绿色防控技术的推广、农业有害生物抗药性治理、病虫专业化防治等方面都做了大量的工作，保证了农药零增长目标的实现。全国农作物农药使用总量（按折百计）约28.13万吨，比2016年的29.25万吨有所下降。自2015年以来，农药使用量已连续3年负增长。水稻、玉米、小麦三大粮食作物农药利用率为38.8%，比2015年提高2.2个百分点。

二、农药减施增效技术大力推广

加强新型高效农药试验示范与推广。根据近几年试验示范的结果，将进一步做好有关农药新品种、新剂型、施药新技术和农药助剂的试验、示范和推广，并建立新农药展示示范区，筛选、推广一批高效、低用量、低风险农药品种，替代使用量大、效果差、病虫抗性强的老旧农药品种，特别是加大生物农药和促进作物增产、抗逆、农药减量使用的植物免疫诱导剂、植物生长调节剂、农药喷雾助剂等示范与推广力度。

构建农药减量示范区。在江苏省扬州市邗江区、湖北省潜江市建立水稻病虫害农药减施增效技术示范区，在河南省临颍县、清丰县建立小麦病虫害农药减施增效技术示范区，在陕西省洛川县建立苹果病虫害农药减施增效技术示范区，每个示范区示范面积约33.3公顷，辐射带动面积666.67公顷。此外，在示范区内设置减量用药、常规用药和不用药处理进行对比试验，调查验证化学农药减量使用的效果。

开展减施增效技术试验示范。筛选一批高效、低毒、低残留药剂品种，替代使用量大、效果差、病虫抗性强的老旧农药品种，开展种子包衣、秧苗处理、作物全程用药等新技术示范推广。组织植保无人机、自走式喷杆喷雾机等新型植保机械试验示范，加强精准施药技术研究。

加强安全用药技术培训。聘请植保专家开展作物病虫害防治及科学安全使用农药技术培训（图6-1），提高专业化防治组织、种植大户病虫防治水平以及安全用药意识，减少农药污染，保护农田生态环境。

图6-1　2017年全国科学安全使用农药技术培训

二、专业化统防统治进一步发展

专业化防治面积进一步增加。各级政府加大了对专业化统防统治扶持推动力度，继续在粮食主产区、重大病虫源头区以及经济作物优势区推进专业化统防统治"百千万行动"，以专业化防治组织和新型农业经营主体为补助对象，开展重大病虫应急防治和统防统治补贴，很好地发挥了导向和激励作用，推动了专业化统防统治工作向纵深快速发展。

2017年全国专业化统防统治组织数量达到8.74万个，工商部门登记注册并在农业农村部门备案4.05万个，小麦、水稻、玉米三大粮食作物统防统治面积12.7亿亩次。通过推广专业化统防统治，实现了防治效率、防治效果、防治效益的"三个提高"，做到了产量损失、用工成本和防治成本的"三个减少"，体现了农民、从业人员和防治组织的"三方满意"，很好地促进了农业生产、农产品质量和农业生态环境的"三个安全"。

专业化防治与绿色防控的融合得到进一步加强。在100个专业化统防统治示范县和100个绿色防控示范区，建立600多个示范基地，率先示范，积累经验，促进病虫害可持续防控。探索病虫防控低碳、环保、可持续发展新模式，提高保障农业生产、农产品质量、生态环境安全能力。

四、航空植保等新型植保器械快速发展

积极开展植保机械使用示范和技术培训。建立了新型植保机械展示与试验示范区，重点进行水田、旱田、高秆玉米田、马铃薯田和果园专用自走式新型植保机械试验示范和高效施药技术展示，继续开展无人机低空施药应用示范，引导专业化防治服务组织，推广应用航空施药技术。以航空喷雾、地面自走式喷雾机械为主的机械使用量有了较多的增长，尤其是无人机喷雾发展较快。

2017年，农业部联合财政部、中国民用航空局利用农机购置补贴政策，在浙江（含宁波）、安徽、江西、湖南、广东、重庆等6个省（直辖市）开展植保无人机补贴试点，重点补贴从事植保作业的服务组织。通过提高植保无人机农机购置补贴比例，实施农作物病虫防控项目，支持植保服务组织购置植保无人机，提升航空植保服务能力。同时，鼓励植保无人机企业与农药企业联合成立飞防服务公司，农飞客、标普农业、农博士、蜻蜓农服等专业化飞防公司快速发展。截至2017年年底，全国植保无人机保有量达到14 000多架（图6-2），从事航空植保

的服务组织已超过400家。利用农作物病虫疫情统防统治补助、小麦"一喷三防"等项目资金,支持各地大规模开展病虫疫情飞防服务。一些地方还采取政府购买服务等方式,因地制宜推进植保无人机统防统治服务。据统计,2017年,全国植保无人机统防统治面积超过1亿亩次,有人驾驶的固定翼飞机和直升机防治病虫面积超过4 000万亩次。

图6-2　植保无人机

7

第七章

农药国际贸易

近年来，我国农药行业持续快速发展，农药产品在国际市场中的竞争力不断提升，促进了农药进出口贸易的迅猛发展。2017年，我国农药进出口结束持续两年的下降态势，实现进出口数量和金额的双增长，出口贸易正从传统的数量驱动的增长模式向质量效益驱动的增长模式转变。

中国农药发展报告 2017 · 第七章　农药国际贸易

一、进出口总体情况

2017年我国农药进出口总额达到71.71亿美元，同比增长18.6%；进出口量为150.84万吨，同比增长6.9%。贸易顺差63.5亿美元，同比增长22.4%。农药进出口结束持续两年的下降态势，不但实现进出口数量和金额的双增长，而且呈现了进出口额增长速度明显高于进出口量增长速度的良好态势。

农药进出口增长速度高于全国货物贸易进出口增速4.4个百分点。根据海关总署公布的数据，2017年我国货物贸易进出口总值27.79万亿元，同比增长14.2%；2017年我国农药贸易进出口总额71.71亿美元，同比增长18.6%。但是我国农药贸易进出口总额占我国货物贸易进出口总值的比例不到0.2%。

二、农药出口情况

我国农药出口额达到67.60亿美元，同比增长20.4%；出口量为146.76万吨，同比增长6.9%（图7-1）。出口额增长速度比出口量增长速度高出近3倍，我

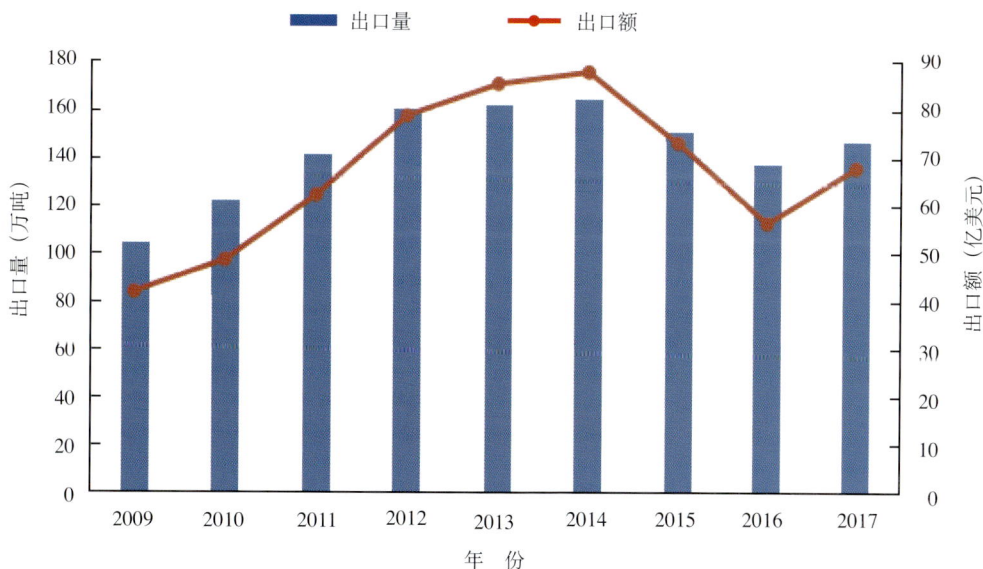

图 7-1　近年来我国农药出口情况统计

国农药出口贸易正从传统的数量驱动的增长模式向质量效益驱动的增长模式转变。2017年我国农药出口量占农药进出口总量的97.3%，农药出口额占农药进出口总额的94.3%，我国农药进出口贸易以出口为主的格局没有发生变化。

（一）出口农药类型

2017年我国农药原药出口额为38.06亿美元，占总出口额的56.3%；农药制剂出口额为29.54亿美元，占总出口额的43.7%；我国农药出口以原药为主的格局没有发生变化。但是从2011年到2017年，农药原药的出口额占比从63.2%下降到56.3%，农药制剂的出口额占比从36.8%上升到43.7%，农药原药与农药制剂的出口额占比的差值从26.4个百分点下降到12.6个百分点，呈现显著的下降趋势。2017年我国农药原药出口额同比增长18.6%，农药制剂出口额同比增长22.8%，农药制剂的增长趋势更加明显，长期以来以农药原药出口为主的出口产品格局正在发生变化，我国农药出口的产品结构逐步趋向合理。2017年我国农药制剂出口量达到96.13万吨，占总出口量的65.5%；农药原药出口量达到50.63万吨，占总出口量的34.5%。农药制剂出口量大于原药出口量，农药制剂出口量占比高于农药原药出口量31个百分点，我国农药出口的角色正从原料供应商向终端产品制造商转变。

（二）出口农药类别

除草剂是我国主要的出口农药，出口额占总出口额的一半以上。除草剂出口额为36.79亿美元，占总出口额的54.4%。杀虫剂出口额为19.05亿美元，占总出口额的28.2%。杀菌剂出口额为10.34亿美元，占总出口额的15.3%。植物生长调节剂出口额为1.39亿美元，占总出口额的2.1%。各类别农药的出口增长情况：植物生长调节剂的出口额增长最快，达到37.5%，但是基数较低，增长主要是通过数量实现的。杀虫剂增速第二，增幅为26.8%；除草剂增速第三，增幅为21%；杀菌剂增长6.8%。各类别农药的平均出口价格情况：除草剂是持续低价运营，2017年平均出口价格为3.56美元/千克，小幅上涨。杀虫剂价格走高，平均出口价格为6.99美元/千克，目前增速最快，达到21.8%，说明我国杀虫剂产品的国际市场竞争力出现增强趋势。杀菌剂的价格目前保持最高，平均出口价格为

7.65美元/千克,价格走高, 价格增速达7.7%,低于杀虫剂增速的21.8%和除草剂增速的11.8%；植物生长调节剂的价格先涨后跌,平均出口价格为5.24美元/千克,目前基本稳定。

（三）出口农药目的地

亚洲是我国最大的出口市场,出口额为21.08亿美元,占总出口额的31.2%；其次是南美洲,出口额为18.00亿美元,占总出口额的26.6%；另外,北美洲的出口额为9.87亿美元,占总出口额的14.6%；欧洲的出口额为8.19亿美元,占总出口额的12.1%；非洲的出口额为6.65亿美元,占总出口额的9.8%；大洋洲的出口额为3.80亿美元,占总出口额的5.6%。亚洲和南美洲的市场出口额合计占比达到57.8%,出口额分别增长19.4%和22.1%；北美洲和非洲是增长速度较快的区域,分别增长35.1%和31.6%；欧洲的出口额增长11.4%,但是出口量下降2.3%。大洋洲出口额和出口量同步下降,出口额下降5.9%,出口量下降14.5%。从2011年到2017年,随着新市场的开拓,亚洲传统市场的占比在缓慢下降,从35.5%下降到31.2%,降低4.3个百分点；南美洲市场的占比,在新兴市场的开拓中逐步上升,从22.9%上升到26.6%,增加近3.7个百分点；北美洲增加2.5个百分点,欧洲下降1.3个百分点,非洲和大洋洲基本稳定。

（四）出口农药企业

私营企业成为我国农药出口的主体,出口额占比持续超过50%。2017年私营企业出口额为38.66亿美元,占总出口额的57.2%；外资企业出口额为16.23亿美元,占总出口额的24.0%；国有企业出口额为10.44亿美元,占总出口额的15.4%；集体企业出口额为2.27亿美元,占总出口额的3.4%。从2011年到2017年,私营企业和外资企业占比上升,分别上升3.4个百分点和7.4个百分点；国有企业和集体企业占比下降,分别下降9.4个百分点和1.4个百分点。

二、农药进口情况

2017年农药进口额为4.11亿美元,同比下降4.1%；进口量为4.07万吨,同比增长 4.1%。进口农药数量增加，说明进口农药相对国产农药具有较强的竞争力，进口农药占我国农药市场份额的比例有快速增长的趋势；进口金额下降，说明进口农药的平均价格下降，进口农药在我国农药市场的竞争日趋激烈。

（一）进口农药类型

与我国农药出口以原药为主相反，我国农药进口以制剂为主，制剂进口占八成左右。2017 年制剂进口额为 3.20 亿美元，占总进口额的 77.9%。原药进口额为 0.9 亿美元，占总进口额的 21.9%。

（二）进口农药类别

杀菌剂是进口农药的主要类别。2017 年杀菌剂进口额为 1.79 亿美元，占总进口额的 43.6%；杀虫剂进口额为 1.24 亿美元，占总进口额的 30.2%；除草剂进口额为 0.98 亿美元，占总进口额的 23.8%。从 2011 年到 2017 年，杀菌剂的占比上升了 10 个百分点，杀虫剂的占比下降了 3 个百分点，除草剂的占比下降了 7 个百分点，进口农药的类别从除草剂和杀虫剂转向杀菌剂。

（三）进口农药来源地

2017 年进口农药主要来自亚洲，进口额为 2.45 亿美元，占总进口额的 59.6%；其次来自欧洲，进口额为 0.92 亿美元，占总进口额的 22.4%；再次来自北美洲，进口额为 0.51 亿美元，占 12.4%。进口农药的来源地从欧洲和北美洲等转向亚洲。从 2011 年到 2017 年，亚洲的进口额占比增加了 11 个百分点，欧洲的进口额占比下降了 14 个百分点，北美洲的进口额占比下降了将近 1 个百分点。

四、形势分析与展望

（一）进出口贸易面临的形势

1. 国际政治经济环境。国际货币基金组织、经济合作与发展组织等国际组织上调了 2018 年全球经济增速的预测值。世界经济温和复苏，国际贸易增速明显。

世界贸易组织统计数据显示，2017年全球主要经济体货物贸易合计出口值同比增速超过两位数。

2.国际农化市场环境。近年来全球农化种子市场不断发生整合变革，发生了中国化工集团收购先正达公司、杜邦公司和陶氏化学公司合并成立陶氏杜邦公司、拜耳公司收购孟山都公司3起全球农业领域重大的并购交易。全球农化领域六大跨国企业，五大跨国企业发生了重大变革，国际农化和种子市场将进一步分化，这将严重影响我国农药进出口贸易。

3.国家农药管理政策。2017年6月，新修订的《农药管理条例》实施，农业部承担了国家质量监督检验检疫总局、工业和信息化部、国家工商行政管理总局等的农药生产和市场监管等职能。为强化农药管理，保证农药质量安全，农业部陆续出台和执行了《农药登记管理办法》《农药生产许可管理办法》《农药经营许可管理办法》《农药登记试验管理办法》《农药标签和说明书管理办法》《农药登记资料要求》等一系列的配套规章制度，提高了农药生产企业门槛，建立了农药经营企业的门槛，提升了农药产品的安全性门槛，加大了农药违法行为的处罚力度，将进一步净化农药行业的生存环境。

4.国家环境保护政策。中共中央《深化党和国家机构改革方案》组建了生态环境部，实行最严格的生态环境保护制度，形成绿色发展方式和生活方式，着力解决突出环境问题。因此,常态化、制度化的中央环保督查等相关制度将更加严格,这将促进中国农药行业的蜕变和重生。

5.国家农药税收政策。2009版《中华人民共和国增值税暂行条例》中规定农药的增值税税率为13%。根据财政部的财税〔2017〕37号《关于简并增值税税率有关政策的通知》，自2017年7月1日起，简并增值税税率结构，取消13%的增值税税率，税率统一调整为11%。目前农药原药的税率为征税11%、退税11%，农药制剂为征税11%、退税5%，与以前农药原药征税13%、退税9%，农药制剂征税13%、退税5%相比，实际征税幅度显著减少。

6."一带一路"倡议。我国"一带一路"倡议的推进，为中国农业转型升级、引领世界农业发展提供了重大机遇。中国农业"走出去"将推动中国农药"走出去"，开拓"一带一路"沿线国家市场。另外，我国农药质优价廉，已销售到全球182个国家和地区，中国农药"走出去"也将促进中国农业"走出去"。

（二）农药进出口展望

我国农药进出口贸易将持续保持增长趋势，预计增长速度将超过两位数。主要原因是：

1. 世界农业生产需求增加将促进农药进出口贸易。全球人口持续增长、食物结构变化，生物能源需求上升，将进一步推动粮食需求。农药是重要的农业生产资料，对保障农业生产安全、提高粮食产量具有不可替代的作用，特别是在转基因作物种植方面。另外，随着现代农业的发展，农业生产更加精细化，农药使用也将更加精细。

2. 国内农药市场需求减少将促进农药进出口贸易。我国是农药生产大国，年产量达到130万吨，在国内种植业农药使用量只有30万吨左右的情况下，近100万吨的农药需要通过进出口贸易进行消化。而且，为了缓解农业环境面源污染压力，2015年我国农业部启动了农药使用量零增长行动。

3. 农药进出口服务力度增强将促进农药进出口贸易。我国农药管理部门积极加强农药国际交流，如农业农村部农药检定所与越南农业和农村发展部植物保护局签署了《中越农药管理技术合作备忘录》，举办了"一带一路"沿线国家农药管理政策人才培训班，承办了联合国粮食及农业组织农药管理工具包培训班，与加拿大、美国、英国、澳大利亚、越南、土耳其、柬埔寨、巴基斯坦、缅甸、乌克兰等国家的农药管理部门官员和技术专家开展交流，为我国农药"走出去"营造良好的国际贸易环境。另外，与海关总署、国家口岸管理办公室等部门合作，启用国际贸易单一窗口申办农药进出口登记管理放行通知单，极大地便利了农药进出口贸易。

附　录

中国农药发展报告 2017·附　录

一、2017年农药行业大事记

1. 为使危险农药生产经营使用的主体责任得到有效落实，潜在风险源进一步摸清并得到重点管控，使用安全保障水平进一步提升，因农药使用引发的农产品质量安全、农业生产安全和生态环境安全重特大事故得到有效遏制。农业部制定了《危险农药安全综合治理实施方案》，要求2016年12月开始至2019年11月结束，分3个阶段进行。

2. 与2016年相比，2017年植保行业获得的奖项再创新高。5个奖项中，农药高效低风险技术体系创建与应用等4个项目荣获国家科技进步奖，植物小RNA的功能及作用机理入选国家自然科学奖项目。

3. 2017年中央1号文件《中共中央　国务院关于深入推进农业供给侧结构性改革加快培育农业农村发展新动能的若干意见》于2月5日正式发布。这是中央1号文件连续14年聚焦"三农"，农业供给侧结构性改革成为主题。

4. 2017年2月8日，农业部办公厅发布关于印发《2017年农产品质量安全工作要点》的通知，依据通知内容，2017年将加快标准制（修）订工作，实施农业标准化战略，健全农产品质量安全标准体系。实施《加快完善我国农药残留标准体系的工作方案（2015—2020年）》，新制定农药残留标准1 000项。

5. 2017年2月27日，农业部、最高人民法院、最高人民检察院、国家发展和改革委员会、工业和信息化部、公安部、国家工商行政管理总局、国家质量监督检验检疫总局、中华全国供销合作总社联合召开2017年全国农资打假专项治理行动电视电话会议暨农资领域失信联合惩戒备忘录发布会，动员部署2017年全国农资打假专项治理行动，发布农资领域失信联合惩戒备忘录。

6. 2017年3月7日，在第十二届全国人民代表大会第五次会议举办的记者发布会上，农业部部长韩长赋、副部长张桃林就"推进农业供给侧结构性改革"的相关问题回答中外记者的提问。韩长赋表示将加强研发替代品，有序淘汰高毒农药，同时，中国2016年首次实现农药使用量零增长。

7. 2017年4月1日，国务院总理李克强日前签署第677号国务院令，公布修订后的《农药管理条例》，自2017年6月1日起施行。

8．2017年4月19日，国务院总理李克强主持召开国务院常务会议，决定推出进一步减税措施，持续推动实体经济降成本增后劲。之前根据《中华人民共和国增值税暂行条例》（国务院令第538号）第二条第二款规定："纳税人销售或者进口下列货物，税率为13%"。现在取消原13%这一档增值税率后，天然气、农药、化肥、农机增值税税率降至11%。

9．2017年6月1日，湖北沙隆达股份有限公司耗资185亿元收购ADAMA公司的交易无条件过会。截至当前并购事宜已经渐进尾声，后续已无重大障碍，合并后公司将一跃成为国内最大农药企业、全球第六大农药企业，市值接近300亿元。

10．中国化工集团公司2017年6月8日下午宣布，完成对瑞士先正达公司的交割，收购金额达到430亿元，这也成为中国企业最大的海外收购案。

11．2017年6月12日，农业部部长韩长赋主持召开部常务会议。会议审议并原则通过了《农药登记管理办法（草案）》等5个配套规章。

12．农业部在对十二届全国人大五次会议第4840号建议的答复中表示，不再批准新增氯化苦的农药登记。

13．2017年6月21日，农业部发布农业部令2017年第3、4、5、6、7号，公布《农药登记管理办法》《农药生产许可管理办法》《农药经营许可管理办法》《农药登记试验管理办法》《农药标签和说明书管理办法》5部配套规章。

14．2017年6月29日，农业部召开全国农药管理工作视频会议，学习贯彻新修订的《农药管理条例》及配套规章的规定和要求，分析当前农药管理面临的新形势，部署安排加强农药管理各项工作。农业部党组副书记、副部长余欣荣做重要讲话。

15．农业部决定对硫丹、溴甲烷等5种农药采取以下管理措施。一、自2018年7月1日起，撤销含硫丹产品的农药登记证；自2019年3月26日起，禁止含硫丹产品在农业上使用。二、自2019年1月1日起，将含溴甲烷产品的农药登记使用范围变更为"检疫熏蒸处理"，禁止含溴甲烷产品在农业上使用。三、自2017年8月1日起，撤销乙酰甲胺磷、丁硫克百威、乐果（包括含上述3种农药有效成分的单剂、复配制剂，下同）用于蔬菜、瓜果、茶叶、菌类和中草药材作物的农药登记，不再受理、批准乙酰甲胺磷、丁硫克百威、乐果用于蔬菜、瓜果、茶叶、菌类和中草药材作物的农药登记申请；自2019年8月1日起，禁止乙酰甲胺磷、丁硫克百威、乐果在蔬菜、瓜果、茶叶、菌类和中草药材作物上使用。

16. 2017年8月31日至9月13日，农业部相继发布农业部公告第2567、2568、2569、2570、2579号，公布《限制使用农药名录(2017版)》《农药生产许可审查细则》《农药登记资料要求》《农药登记试验单位评审规则》《农药登记试验质量管理规范》《农药标签二维码格式及生成要求》6个规范性文件。

17. 陶氏杜邦2017年9月1日宣布，陶氏化学公司（陶氏）与杜邦公司（杜邦）于2017年8月31日成功完成对等合并。合并后的实体为一家控股公司，拥有三大业务部门：农业、材料科学、特种产品。

18. 经中编办批准，农业部种植业管理司加挂"农药管理局"牌子，加强统筹协调，全力抓好农药管理各项工作。农业部农药管理局将主要承担农药产业规划、行业指导、行政许可、监督管理、行政处罚等工作。

19. 2017年10月23日，全国农药质量追溯系统正式上线，标志着中国农药数字监督管理平台开始逐步上线运行。

三、2017年国际农药管理动态

（一）第10届联合国粮食及农业组织、世界卫生组织农药管理联席会议（JMPM）暨第12届FAO农药管理专家会议

2017年4月10日至13日，第10届联合国粮食及农业组织（FAO）、世界卫生组织（WHO）农药管理联席会议（JMPM）暨第12届FAO农药管理专家会议在印度新德里举办。FAO农药管理专家组、WHO农药管理专家组、FAO和WHO双方会议秘书、顾问，以及联合国环境规划署（UNEP）、经济合作与发展组织（OECD）农药工作组/良好实验室规范（GLP）工作组负责人、全球非专利农用化学品制造商协会（AgroCare）、国际生物防治制造商协会（IBMA）、国际植保组织（CropLife）、农药行动网络亚太分部（PANAP）等观察员，共26人参加。

会议内容主要包括：一是总结第9届JMPM以来取得的成效。二是相关准则

制订与评审。具体包括：微生物、植物源、信息素等生物农药登记准则、从业人员防护设备准则。三是新准则制订计划。具体包括：农药经营者准则、家用卫生杀虫剂准则、废弃农药处置准则、小作物用农药登记准则、风险管理与风险交流准则、农药行为准则中现有准则的修订等。四是促进JMPM准则更加方便、广泛的使用。会议建议建立专门的工作组，及时将JMPM准则翻译成多种语言，聘请专业人士评审，促使JMPM准则更加方便、广泛使用。五是国际行为准则的应用和高危害农药淘汰工作经验介绍。六是行为准则遵守情况的专门跟踪。FAO报告了行为准则遵守情况，欧洲宪法和人权中心（ECCHR）首次强调了农药经营使用对人权的影响，CropLife报告了在国家层面如何促进遵守标签用药、标签和活页的质量、废弃物管理、使用人员防护以及防护设备的分发等。七是农药管理的新情况和今后FAO、WHO工作重点。双方专家组讨论的具体内容包括：农药废弃物、毒性分级标准的修订、小作物、纳米农药、中毒事故搜集、高危害农药管理等。

（二）巴塞尔公约第13次缔约方大会、鹿特丹公约第8次缔约方大会、斯德哥尔摩公约第8次缔约方大会

2017年4月24日至5月5日，巴塞尔公约第13次缔约方大会、鹿特丹公约第8次缔约方大会、斯德哥尔摩公约第8次缔约方大会（以下简称"三公约大会"或COPs大会）在瑞士日内瓦召开。来自全球171个缔约方、非缔约方、国际组织、非政府组织的1 300多名代表参加了会议。近百名高级别代表出席了为期两天的高级别会议。部长级圆桌会议围绕三公约履约在落实2030年可持续发展议程中的机遇、通过伙伴关系促进三公约实施、在保证经济发展和社会繁荣前提下减少化学品和废物污染等议题进行讨论。

本次大会是三公约第3次共同召开的缔约方大会，主题是"一个无毒的未来：化学品和废物的无害化管理"。围绕"无毒的未来"在可持续发展及可持续发展目标2030年议程中的机遇、通过伙伴关系增强实施的机遇、减少废物和污染的机遇等，强调三公约的协同增效，在全球、区域、次区域和国家层面为实现环境无害化管理、减少废物和污染、促进经济和社会繁荣做出行动、取得成效。

斯德哥尔摩公约审议通过了将十溴二苯醚、短链氯化石蜡列入附件A，对十溴二苯醚用于汽车和航空航天工业的某些关键备件予以特定豁免，对短链氯化石蜡润滑油调配剂、楼房防水、室外装饰灯管等3种用途给予豁免。审议通过了对已经列入附件A的六氯丁二烯列入附件C。

鹿特丹公约审议了拟列入附件3的8种化合物。大会审议通过将克百威、敌百虫、短链氯化石蜡、三丁基锡化合物列入附件3，而丁硫克百威、百草枯（二氯化物含量≥276克/升）、倍硫磷（≥640克/升的超低容量制剂）、温石棉未能达成一致，待下一次缔约方大会再次审议。

（三）第16届FAO、WHO农药标准联席会议（JMPS）暨第61届国际农药分析协作委员会（CIPAC）年会

第16届FAO、WHO农药标准联席会议（JMPS）暨第61届国际农药分析协作委员会（CIPAC）年会于2017年6月6日至15日在意大利罗马召开。

6月6日至10日，第16届JMPS闭门会议上，来自FAO、WHO和欧盟、美国、德国、法国、英国、比利时、中国等国家（地区）的10多名JMPS专家对33家公司提交的48个农药产品标准进行了审定，其中包括13家中国公司递交的14个产品标准。会议对2016年会议获得通过或被撤销的产品标准进行了总结，共计16个产品获得通过，其中包括8家中国公司的7个产品；对2016年会议未完成评审需要补充资料或采取其他行动的产品进行了评议，共计10个产品获得通过，其中有4家中国公司的4个产品；对2017年新提交的25家公司的26个产品进行了评审，其中包括10家中国公司的10个产品；对2018年拟进行评审的产品计划进行了安排，其中包括9家中国公司的12个产品。

6月11日至15日，第14届CIPAC、FAO、WHO联席会议暨第61届CIPAC年会召开，来自40个国家（地区）的160多名代表，包括全体CIPAC委员和各国的国家农药质量分析实验室负责人、各国农药登记产品化学评审专家及行业代表等参加了会议。会议通过了上届会议报告，通报了本届JMPS和FAO、WHO农药标准评审、发布情况以及2018年FAO、WHO农药产品标准优先制定名单。

（四）第32届经济合作与发展组织（OECD）农药工作组会议以及其框架下的全球联合评审工作会议

2017年6月26日至7月1日，第32届经济合作与发展组织（OECD）农药工作组会议以及其框架下的全球联合评审工作会议在法国巴黎OECD总部召开，来自OECD成员国、观察员国以及欧盟委员会、OECD商业与企业咨询委员会（BIAC）、欧洲国际生物防治产品生产者协会（IBMA）的50多位代表出席。中国、巴西、哥斯达黎加以观察员身份参会。

会议推选新一任工作组主席，讨论OECD农药工作组今后工作重点，具体包括：打击非法贸易、农药数据电子交换、生物农药、新技术、农药对蜜蜂的影响、有害生物综合防治等。会议也讨论了如何在目前组织框架的基础上重新整合，以节省资源；分析农药对媒介昆虫的影响，邀请全球各地专家介绍农药对媒介昆虫影响的研究进展和管理措施，包括毒性测试准则中涉及的大黄蜂、飞行测试、风险评估工具、急性经口、接触、幼虫、暴露、风险规避等。生物农药指导工作组报告了生物农药领域工作进展，包括微生物的致敏性问题及其预告、防护、统一的测试导则、指示物等，微生物次级代谢产物的危害及风险评估，微生物农药的等同性认定，生物化学农药、植物源农药等。介绍了中国的《农药管理条例》及其配套规章的制（修）订情况，土耳其、韩国也介绍了其本国农药管理体系，全球联合评审会议专门讨论了在OECD农药工作组框架下的全球联合评审工作。

（五）国际食品法典委员会（CAC）第40届大会

国际食品法典委员会（CAC）第40届大会于2017年7月17日至7月22日在瑞士日内瓦召开。来自152个成员国、欧盟、非盟2个成员组织与50个国际政府和非政府组织的近600位代表出席了会议。

大会以投票通过方式选举新一届CAC主席和副主席，审议通过了CAC程序手册修正案，在第8步和第5/8步通过了《拉沙洛西钠最大残留限量》等17项标准，在第5步通过了《龙胆紫风险管理建议》等4项标准。大会同意废止《罐装菠萝》等8项标准，同意终止《加工奶酪通用标准草案》《莫扎瑞拉奶酪标准》制

（修）订工作，新批准《脱水姜》等7项标准制定工作。大会决定修订《最大限度减少和控制抗生素耐药性操作规范》和启动制定《抗生素耐药性综合监测指南》。大会批准了第49届国际食品法典农药残留委员会(CCPR)大会通过的38种农药的488项残留限量食品法典标准，废止了103项标准。CCPR组织制（修）订的农药残留限量CAC国际标准总量历史上首次超过5 000项，达到5 200多项，CCPR已成为制定国际食品法典CAC标准最多的国际食品法典所属专业委员会。

（六）FAO、WHO农药残留联席会议（JMPR）2017年会

2017年9月12日至21日，联合国粮食及农业组织（FAO）和世界卫生组织（WHO）农药残留联席会议（JMPR）2017年会在瑞士日内瓦的WHO总部召开。参加会议的人员包括来自中国、美国、加拿大、德国、英国、澳大利亚等国家的40多名农药残留和毒理学专家。

本届会议主要内容包括品种评审和一般事项讨论等。品种评审的农药有38种，包括首次评审的新农药9种，周期再评审的农药5种，单独制定残留限量的农药24种。一般事项讨论环节中重点就农药的微生物学影响评价、历史对照数据使用原则、蔬菜商品分组修订、不同使用方法的残留模型预测、短期膳食暴露数据更新等进行了介绍和评议。会议还答复了CCPR成员国提出关注的问题，汇报了WHO开展相关项目的进展。本次会议共推荐农药最大残留限量水平425多项，用于膳食风险评估的残留试验中值（STMR）566个、最高残留量（HR）258个，制定每日允许摄入量（ADI）15个，急性参考剂量（ARfD）11个。

（七）亚洲及太平洋区域植物保护委员会（APPPC）第30届大会

2017年11月20日至24日，亚洲及太平洋区域植物保护委员会（APPPC）第30届大会在新西兰的罗托鲁阿召开，来自24个成员（法国没有参会）、1个观察员及鹿特丹公约等相关组织的近百位代表参加了会议。本次会议重点交流了第29届会议以来亚太植保协定的执行情况，通报了有害生物综合治理、区域植物检疫合作、农药管理及国际植保公约等方面活动的进展，研究讨论2018—2019年工作计划以及经费预算等问题。

图书在版编目（CIP）数据

中国农药发展报告.2017/ 农业农村部农药管理司，农业农村部农药检定所编. — 北京：中国农业出版社，2019.2

ISBN 978-7-109-25813-6

Ⅰ.①中… Ⅱ.①农… ②农… Ⅲ.①农药工业－产业发展－研究报告－中国－2017 Ⅳ.①F426.76

中国版本图书馆CIP数据核字（2019）第174283号

中国农业出版社出版
地址：北京市朝阳区麦子店街18号楼
邮编：100125
责任编辑：汪子涵　　版式设计：王　晨
责任校对：巴洪菊
印刷：中农印务有限公司
版次：2019年2月第1版
印次：2019年2月北京第1次印刷
发行：新华书店北京发行所
开本：889mm×1194mm　1/16
印张：5.25
字数：100千字
定价：100.00元